# 重返犯罪現場

「醫生在線」鑑識問答系列

法醫・屍體・解剖室③

道格拉斯・萊爾——著

葉品岑——譯

Douglas P. Lyle

# 目錄 Contents

目錄

Contents

疾病及其治療



# 2 各種謀殺和故意傷害手段

Methods of Murder and Mayhem

槍枝、刀械、爆裂物和其他致命武器

目錄
Contents

目錄
Contents

# 4 雜項，多半是稀奇古怪的問題
## Odds and Ends, Mostly Odds

# 引言 Introduction

無論何種類型的小說，總少不了人物和情節，這是說故事的必要條件。少了情節，故事沒進展；少了人物，故事進展到哪裡也沒人在意。其他故事元素，像是設定、主題、氣氛、敘述者、陪襯情節、背景故事，皆是為支撐主人翁和情節之間的關係而存在。因此，一個好的故事，就是讓引發讀者共鳴的逼真人物生活遭遇劇變。

為揭露人物性格並推進劇情，作家經常以高壓情境考驗故事主人翁。為什麼？因為壓力激發人最好與最壞的一面，也是饒富趣味且令人興奮的情節元素。如欲使筆下主人翁倍感焦慮，最有效的方法就是對他加諸身體上、情緒上和（或）心理上的壓力。

尤其是懸疑和驚悚小說。這類型讀者期待故事扣人心弦、處處驚嘆、能夠增廣見聞，而且令人愛不釋手地徹夜拜讀。為此，懸疑／驚悚小說家通常利用疾病、外傷，以及諸如恐懼、焦慮、恐慌、憤怒、羡慕、嫉妒、懊悔和內疚等心理壓力，為讀者創造驚悚和懸疑的感受。

在某些故事類型中，譬如奇幻、寓言和喜劇，作家可以打造一個沒有事實或現實基礎的架空世界。當然，他必須忠於他為該世界立下的「規則」。除此之外，一切都可以天馬行空。

對懸疑和驚悚小說家而言，他們筆下的世界就是「真實世界」，因此必須遵守「真實世界」的規則。作家因而肩負「實事求是」的沉重包袱。故事若要逼真，縝密研究、謹小慎微，以及對待事實絕不「輕率」的態度必不可少。倘若動機前後矛盾，解決辦法隨便，而且犯下許多違反事實的錯誤，即使有可愛人物與巧妙情節，也是功虧一簣。

許多作家創作時最大的障礙在於取得使故事躍然紙上的專業知識，特別是遇到科學或醫療議題的時候。無論是醫院、急診室或手術室的程序或內部工作；醫生、護理師、高級救護技術員（paramedic）* 和其他輔助醫護人員（paramedical personnel）的職責；急性與慢性疾病，以及車禍、槍傷或雷擊等外傷，對精神和身體造成的影響；處方藥與違禁品的效果；急性與慢性精神失調患者及其親友所受到的衝擊；乃至關於判斷死亡原因、死亡時間或其他鑑識程序的議題。正確理解這些複雜難懂的問題，將為手稿增添深度和戲劇效果，並賦予故事「真實感」。

而作家從哪裡取得這些資訊？十之八九是參考別人的故事，或是將電視上看來的資訊依樣畫葫蘆。號稱海量的網路資訊也不可盡信，幾乎任何關鍵字都能搜出排山倒海的大量資訊，可是使用者缺乏分辨真偽、去蕪存菁的能力。古老的醫學格言有云：「不實的資料還不如毫無資料。」這也適用於懸疑故事寫作。

＊依《緊急醫療救護法》第二十四條規定，緊急醫療技術員依照所能進行的救護處置可分為初、中、高三種等級；其中僅有高級救護技術員屬於（EMT-）Paramedic（英文字意為輔助醫護人員）。

# 本書目的
## What This Book Is

本書旨在增廣見聞和娛樂，不光針對懸疑與驚悚小說作家，而是所有類型的作家。此外，書迷、影痴及任何具有好奇心的人，也能在書中尋獲引人入勝之處。

這個寫作計畫緣起於美國推理作家協會南加州分會（Southern California Chapter of Mystery Writers of America）前會長揚．柏克（Jan Burke）的提議。她邀請我替南加州分會通訊報《犯罪進行曲》（*The March of Crime*）寫一個醫學的問答專欄。我的專欄「醫生在線」（The Doctor Is In）如今每月刊載於《犯罪進行曲》，以及美國推理作家協會西南分會（Southwestern Chapter）的通訊報《偵探語者》（*The Sleuth Sayer*）。

這項計畫開始之後，我接獲並嘗試回答來自各類型作家的數百則提問，包括許多知名小說家和劇作家。其中最精華、最有趣且最能增長知識的問題都收錄於此。

對於提交問題的每一位作家，我想謝謝你們的好奇心、不可思議的想像力，以及「實事求是」的決心。研究、回答你們的提問使我獲益良多，但願我的解答也能給你們同等的助益。

對翻閱此書的每一位讀者，我希望本書解答了你們本來想問的某些問題，增進你們對醫學和鑑識科學的理解，讓新的問題在你們腦中萌芽，最重要的是，激發你們的創意。

本書集結了一部分這些年來作家向我提出的醫學和鑑識疑問。在解答中，我竭力提供作家充分的醫療和科學背景知識，幫助他們融會貫通，並且致力解說他們設想情境所包含的細微差別。我的目標是使作家能利用學來的新知，雕琢更逼真的場景或故事。我盡可能將提問和解答分門別類，避免相同訊息重複出現。

# 本書不得做為以下用途
## What This Book Is Not

內容題材不可用來診斷或治療任何醫療疾病。即使是最簡單的問題與解答都必須受過數十年教育並累積實務經驗，方知如何應用於「真實生活」中。醫學是一門嚴謹的學科，既為科學也是藝術，行醫多年後才得見其奧祕。

儘管我極力務求資訊精確，合乎科學原理，然而許多主題都過於複雜，無法詳細解釋並兼顧現代醫學知識的細微差異與分歧爭議。這就是醫學的藝術成分。書中的解答僅提供小說家編寫故事時在文章脈絡中使用，不該用於其他任何目的。

本書不得用來進行任何犯罪活動或傷害他人。

# 1 醫生、醫院、疾病和外傷
# Doctors, Hospitals, Illnesses, And Injuries

# 創傷和治療
## Traumatic Injuries and Their Treatment

### 1

### 頭部鈍性傷如何致人於死？

問——我在書中劇情高潮處安排了一幕死亡場景，我想確保我的描繪正確。簡言之，女主角的曖昧對象騎摩托車停在人行道邊欄旁。因為腳架鬆動，所以他坐在摩托車上向側面摔倒。他的頭部撞上邊欄，外力衝擊使他喪命。我想知道一個人死於這樣的頭部外傷會有什麼徵狀？耳朵或鼻子會出血嗎？還是根本看不出外部創傷？他的身體會抖動，還是靜止不動？起初女主角沒發現他受傷，從她的角度看不到邊欄。摔倒後第一時間，她看見的他會是什麼樣子？高級救護技術員約半小時後抵達現場看到的他，又是什麼樣子？

答——這種外傷稱為「鈍性傷」（blunt trauma），而子彈、斧頭或其他物品造成的稱為「穿透傷」（penetrating trauma）。頭部鈍性傷可能導致的後果，輕則單純頭部隆起（挫傷

（contusion），嚴重時則會猝死。光是重擊的力道就可能造成立即的意識喪失（腦震盪（concussion））。若致死，大腦內部或周邊出血的機率非常高；這就是所謂的「顱內出血」（intracranial bleeding）。顱內出血可能伴隨大腦內部或周邊的動脈、靜脈或多處毛細血管破裂。無論顱骨骨折與否，傷者都有可能腦震盪及顱內出血。

覆蓋大腦的薄膜稱為「硬腦膜」（dura mater）。夾在硬腦膜和顱骨之間的是「硬腦膜上

圖1a

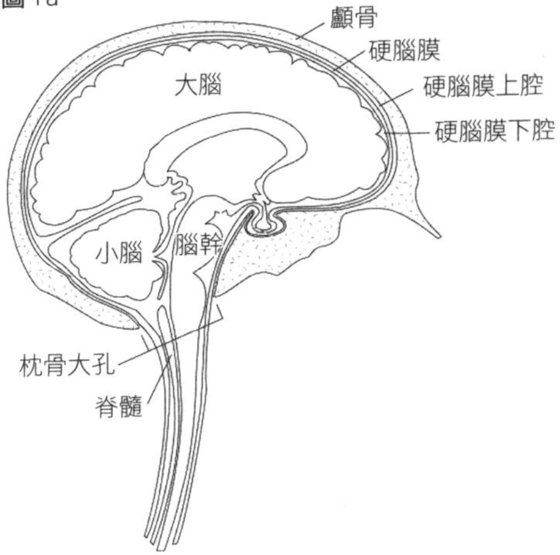


圖1b

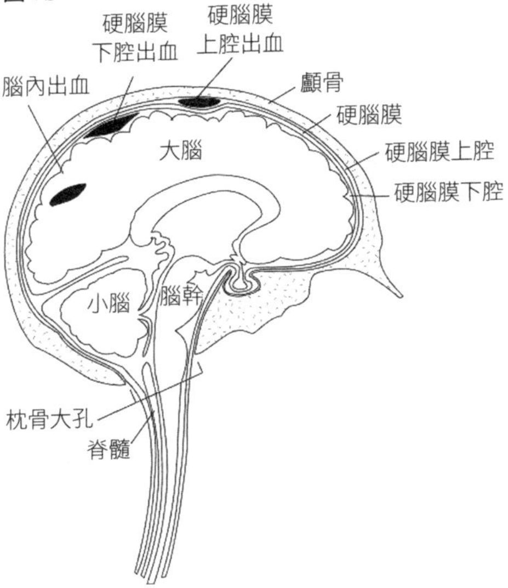

腔」（epidural space），至於硬腦膜和大腦之間的範圍則是「硬腦膜下腔」（subdural space，如圖1a）。

顱骨內任何地方出血都算是顱內出血，共有三種基本類型（圖1b）。其中硬腦膜上腔出血和硬腦膜下腔出血，發生在大腦和顱骨之間的腔室。硬腦膜上腔出血在硬腦膜之外，一般來說是因顱骨骨折、撕裂硬腦膜上腔動脈（epidural arteries）造成動脈出血所致；硬腦膜下腔出血通常源自靜脈，發生在硬腦膜下腔。而腦內出血發生在大腦組織內部。

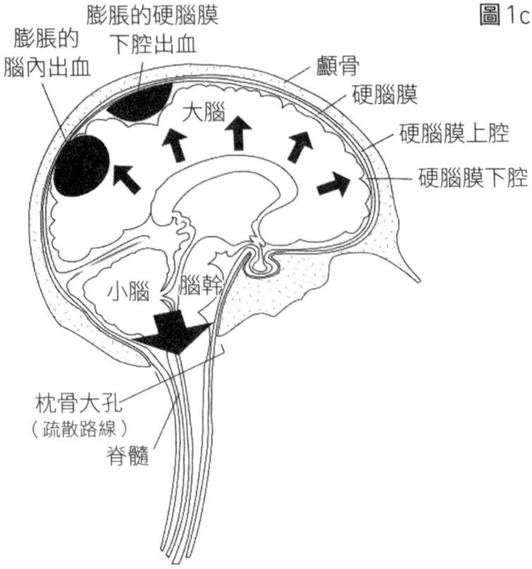

圖1c

上述皆有致命的可能。

記住，顱骨是一個堅硬的被囊（capsule），目的是保護大腦。然而，若顱骨內部出血或大腦本身出血，顱骨無法擴張，將導致外殼內部壓力急遽升高，直接「擠壓」大腦（圖1c）。

大腦結構從後方底部逐漸縮小，形成腦幹，腦幹又繼續縮小成脊髓，並沿著一組叫做脊柱的骨頭向下延伸。腦幹是大腦極重要的部分，具有諸多功能，包括控制呼吸。

顱腔唯一的出口是位於顱骨底部的孔

洞，腦幹和脊髓由此向下延伸（稱做枕骨大孔（foramen magnumm）），其位置靠近後腦與後頸的接合處。顱骨內不斷升高的壓力使大腦功能全面停擺，最終將大腦物質推向枕骨大孔，並沿著腦幹和脊髓繼續向下，就像擠牙膏一樣，醫學上稱為「腦幹疝脫」（herniation of the brain stem）。此時傷者不僅意識喪失，而且腦幹壓縮導致呼吸停止，不久後便會喪命。

這個過程可能歷經數分鐘、數小時或數日。記得小時候撞到頭，媽媽會整晚守候，確認你有沒有事嗎？那是因為出血的過程可能相當緩慢，頭痛、昏迷和死亡有時在數小時後才會發生。母親英明。

偶有鈍性傷患者直到數日或數週後，才出現神經系統症狀。當患者出現頭痛、噁心、視力模糊、四肢麻木或無力等症狀（這些都和腦壓增加有關），就醫後一定會發現是慢性顱內出血。

以你的情節安排來說，最適合的外傷是顱骨骨折，外加硬腦膜上腔動脈（流動於大腦表面的諸多小動脈之一，顱骨骨折時經常遭撕裂）破裂或撕裂，導致出血。這種情況應該屬於硬腦膜上腔出血。動脈出血通常很快速，患者有可能腦壓升高、昏迷、呼吸中止，並且迅速死亡。

你筆下的受害者很可能只是躺在地上，動也不動，同時沒有呼吸。這類創傷可能引起癲癇發作（seizure activity），不過並不常見，反正也不符合你的故事情節。意外發生後，女主角當下看到的他可能貌似睡著。由於顱骨骨折，血有可能從耳朵或鼻孔，甚或兩者緩緩流淌。此外，他頭部遭撞擊處可能有青黑色的腫脹（挫傷），但也可能沒有任何的外傷跡象。

半小時後，他看起來會像是……死了。皮膚呈藍灰色，肢體癱軟，黑色瞳孔放大，沒有呼吸，也沒有脈搏。高級救護技術員應會施行心肺復甦術，然後將傷患送至醫院，由醫生宣告死亡。

# 2

## 一個人被子彈射中哪個部位還能存活？

問——我設定故事裡的主人翁遭到槍擊。不消說，他沒陣亡，不過失去了部分行動能力，而且他必須在一場近身搏鬥中解決對手。請問子彈射中他身體的哪個部位，他仍能完成任務？

答——首先來認識一個人遭受槍傷（〔gun shot wound〕醫療速記法中寫作GSW）會發生什麼事。任何急診室醫生都會告訴你，用槍殺人不是那麼容易的事。若要立即致命，槍傷必須中斷大腦和（或）心臟的功能。因此，朝腦部或心臟直接開槍，通常能在非常短的時間內致人於死。肺臟或諸如主動脈等主要血管的槍傷，也能在幾分鐘或幾小時內奪取性命。另外，頭部、胸部或腹部的槍傷會嚴重損及行動能力，因此不太符合你的故事需求。

話雖如此，但也可能發生以下狀況：

許多頭部槍傷並未射穿顱骨，因而未嚴重傷及大腦。若彈頭以很淺的角度射向頭部，可能會從顱骨反彈開或埋進頭皮下方。在這種情況下，貌似致命的槍傷不會造成太大傷害，你筆下的人物也就能持續戰鬥。

同樣的，胸部槍傷不一定會穿透胸腔，有可能只是擦過肋骨或胸骨。在此情況下，重要器官毫髮無傷，他就能繼續追逐。然而彈頭也可能造成肋骨骨折，這麼一來，每個動作、每次呼吸都會極度疼痛，特別是他得追捕壞人的話。

腹部槍傷對他應該不至於難以承受，即使彈頭沒嵌在腹壁的皮下組織或肌肉裡（這不算罕見），而是真的穿透到腹腔。雖然傷者將疼痛不已，這幾乎是所有槍傷中最疼痛的，因為腹膜（peritoneum）有大量神經纖維。不過只要主要血管或器官（肝臟、腎臟、脾臟）沒受損，而且主人翁是個硬漢，他還是可以忍著痛，戰勝敵人。就像詹姆斯・龐德。

肢體槍傷似乎最適合你的情境。他的動作會因而變慢，但容我再次強調，除非主要血管破裂，否則他不會因此喪命或嚴重傷殘。更何況，你可以為故事量身訂做此一外傷，使主人翁的企圖遭遇最大阻礙。若他必須追捕壞人，那就射他的腿部、屁股或腳掌；若他必須攀繩、爬梯子或和對手扭打，那就射他的手臂；若他必須游泳，就讓子彈射進肩膀。

我也必須指出，即使受到嚴重且足以致命的槍傷，往往仍有時間殺死攻擊他們的人，或匍匐爬向電話，或以自己的鮮血潦草寫下凶手的名字。若他在故事進入高潮時遭受槍擊，傷口大可更為嚴重，因為他完全有時間解決壞人、尋求醫療救助，並在續集上演之前徹底痊癒。

# 3

## 一個人有可能經歷車禍與脾臟破裂仍大難不死嗎？

問——我筆下的偵探在槍口下，被迫開車到她確信自己將被殺害的偏僻地區。綁架她的也是女人，就坐在副駕駛座。當時她們行駛在因路面整修而暫時封閉的道路上。在經過幾個停放在路邊的道路工程設備後，那名偵探亟欲自救，於是選定一輛重機具拖車，以時速三十哩轉朝拖車駛去，希望能造成副駕駛座的車身損毀。結果，拖車的鋼鐵後保險桿有如掀開罐頭蓋般削去車頂，導致脅迫她的人當場斷頭。女主角倖存了下來，但受困車內，左右肩皆骨折，半個小時後才獲救。送醫後，醫生發現她的脾臟受創，徘徊於生死交關。不消說，她沒死，等到清晨的時候已開始好轉。請問這樣安排會不會太離譜？

答——脾臟破裂完全符合這個情境。首先，車禍的鈍性傷（可能來自方向盤）經常造成脾臟破裂，這在摩托車事故、橄欖球、滑板等活動也很常見。

脾臟是個布滿血管的器官（裡頭有大量血液），位於左上腹，藏在肋骨下緣後方（圖2）。它的血液供給來自於脾動脈（splenic artery），那是一條頗大的血管。脾臟有一層薄囊，將柔軟、如海綿般的脾臟組織包覆起來（就像吸飽血液的海綿），因此可能像甜瓜般破裂。事實上，脾臟的囊極易破裂或撕裂，而且一旦出現裂口，將大量出血。即使在腹部手術期間，外科醫生也會謹慎處理脾臟，因為就連以手指小心翼翼地撥弄，都可能對它造成傷害。

圖2

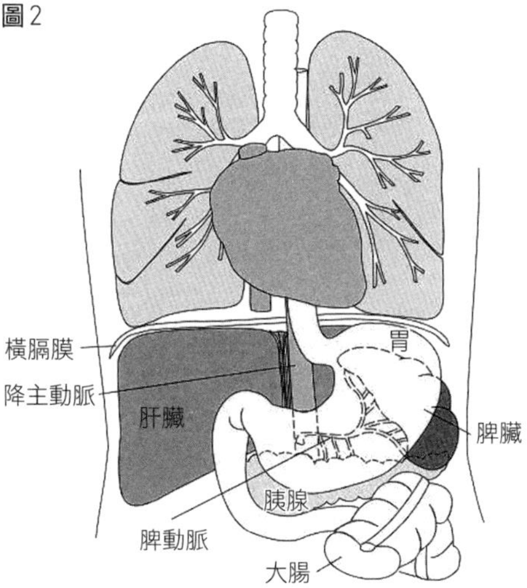


儘管有可能，不過患者死於脾臟破裂的情況並不常見。理由是，失去一定比例的血液後，血壓會下降，流進脾動脈和脾臟的血液連帶減少，出血漸緩，最終不再出血。脾臟破裂者的血壓可能因出血降到六十或七十，但在這種程度的休克下，還能保有生命跡象一陣子。脾臟破裂最常見的案例是青少年騎摩托車撞上樹或車子，受害者抵達急診室時是清醒的，但因血壓降至七十而顯得昏昏欲睡。有趣的是，一旦給予輸血和輸液，血壓開始上升，出血情況就會再度惡化；這是因為血壓升高，代表有更多血液進到脾臟，也意謂著會流更多的血。緊急手術才是決定性治療（definitive treatment）。

當然，由於你筆下的人物以坐姿受困現場，地心引力會加速並增強血壓下降的程度，以及連帶發生的休克症候群。即使如此，除非延遲救治，否則她會平安無事。

在你筆下人物坐等外援、漸漸休克的同時，她可能出現各式各樣的症狀。除了受傷肩膀與腹部的疼痛外，隨著血壓下降、陷入休克，她會出現以下部分或所有的症狀，包括暈眩、心智混亂、定向力障礙、產生幻覺、噁心、嘔吐、寒顫、發抖、口渴、冒冷汗、視力模糊、嗜睡、無力、頸部和四肢感到沉重，最後則是睡著或昏迷。她若從照後鏡看自己，應該是臉色蒼白，甚至像鬼似地慘白，或許帶有一點發紺（〔cyanotic〕因休克和低血氧所致的藍灰色調）。她可能時而清醒時而昏迷，抑或看見對故人往事栩栩如生的回憶畫面，近似清醒夢境。一旦獲救，她需要立即輸液和輸血，以及進行脾臟摘除手術（脾臟切除術〔splenectomy〕）。受傷的脾臟鮮少接受修復，幾乎都是切除。脾臟海綿般的組織非常難以「修復」，況且脾臟不是「重要器官」，人即使沒有脾臟也能生存。

她理當能在脾臟破裂和脾臟切除後完全康復。若這是她唯一的傷，兩天後就能下床走動，一星期內就能出院，並於六星期後恢復正常。不過，肩傷因為要經外科手術修復，需等上幾個月才能癒合。肩膀手術應會延遲到脾臟切除術完成後幾天，待她病情穩定，才能再次動刀。手術前後，她的手臂將以吊帶固定，避免肩膀移動，同時會需要鎮靜劑和止痛劑以減輕疼痛。

## 4 肋骨斷裂的人還能游泳嗎？

問——我筆下的人物之一在帆船上胸部遭擊落水，我設定他斷了兩根肋骨，而且其中一根肋骨刺穿肺臟，導致肺部塌陷。等待他人以緊急吊索將他撈回船上的那三、四分鐘，他以一隻手臂設法讓自己浮在水面之上。請問一個肋骨斷掉的人，撇開肺部塌陷不談，真能有效利用手臂讓自己浮在水面上嗎？另外，假設此人在意外發生兩小時內，獲得現代醫院的妥善治療，請問他下一次在故事裡亮相的合理間隔時間是多久？

答——肋骨骨折會引發劇痛，特別是醫生無法在癒合期間讓它「休息」或固定不動。手臂骨折時，能以夾板或打石膏固定；可是人必須呼吸，因此胸部不能以這種方式加以限制。

將空氣吸進肺部是持續不斷的過程。肋骨之間的肌肉將胸部擴張，在胸腔內造成將空氣「拉進」肺臟所需的負壓。斷裂的肋骨使這個過程變得極為痛苦。

疼痛一般局限在骨折處，而且非常尖銳：就像一把刀插進胸部，每一次呼吸都令人難以忍受。這種疼痛稱為「肋膜疼痛」。它不僅來自斷掉的肋骨，也來自胸腔神經密布的薄膜——「肋膜」(pleura)。

若斷裂肋骨的尖銳端刺進胸腔，可能會刺穿肺臟，導致肺部塌陷。醫學上稱之為「氣胸」(pneumothorax)。氣胸可大可小：意思是肺部塌陷的程度有分輕微或嚴重，以塌陷的百分比做為分級。輕微氣胸的塌陷面積是百分之十至二十，而嚴重氣胸的面積在百分之五十以上，完全塌陷當然就是百分之百的氣胸。

輕微塌陷會疼痛，但不至於使人極度虛弱；完全塌陷則不僅疼痛，而且有明顯喘不過氣的情形。除非傷患具有重大潛在心臟或肺臟疾病，或是其氣胸屬於壓力性氣胸(tension pneumothorax)，否則不會致命。壓力性氣胸發生時，肺部的洞會形成一個「球閥」，也就是單向漏氣孔(圖3)。當傷患吸氣時，空氣經過肺臟，穿透開孔，進入胸腔(圖3a)，可是當他試圖吐氣時，空氣無法反向經過開孔，回到肺臟，再從嘴巴吐出(圖3b)，所以每呼吸一次，胸腔內的壓力就增加，導致肺臟塌陷愈來愈嚴重。壓力爬升的同時，心臟和「好的」肺臟也會受到擠壓，造成心臟和肺臟功能衰退，最終死亡(圖3c)。整個過程可能只有短短幾分鐘。幸好，多數氣胸不是壓力性氣胸。

是否需長期治療也取決於塌陷程度。若是輕微氣胸，醫生通常要求傷患住院觀察幾天。漏洞絕大多數會自行密合，肺臟重新充氣，但病人回家後，仍需忍受幾週骨折癒合造成的胸痛。若是嚴重氣胸，則需插胸管（圖3d）。

插胸管就是把一根塑膠管穿透胸壁，插進胸壁和肺臟之間的胸腔。引流會持續數日，直到肺部再度充氣且漏洞癒合，然後才能拔除胸管。後續復原同輕微氣胸，但時間上可能會多個兩週。

根據你設定的情節，不妨安排骨折外加輕微氣胸。是的，他能游泳，若有需要，也能打鬥。雖然傷患將感到劇痛，但忍痛和堅持不懈是做為男主角的基本條件。倘若非打不可，抑或他個性固執且不是會遵照「醫囑」的類型，幾天後他就可以再度上陣。

圖3

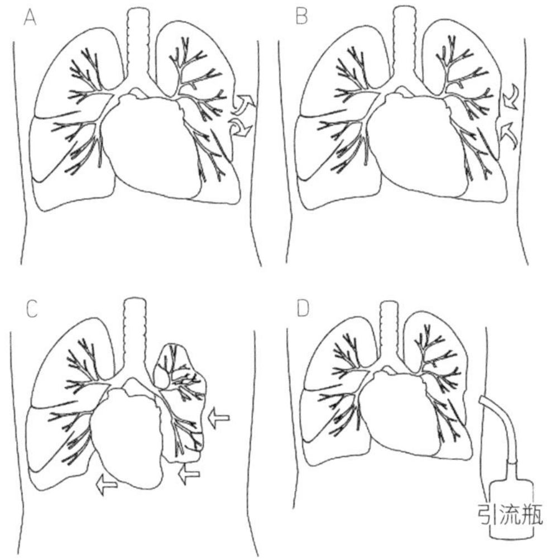

# 5 上吊自殺的死亡機制為何？

問——在我的故事裡，一名男子將繩索繫在頸部，踢掉踏腳凳，自縊身亡。他約在半小時後被人發現。請問死因是勒殺（strangulation）嗎？他會在垂死之際便溺嗎？現場會不會有味道？還有，他的臉看起來會是怎樣？若他從六呎（約一百八十二公分）高墜下，死亡的狀況會不同嗎？我能不能假設其他死因，譬如脖子斷掉？他的臉看起來會不會不同？他的頸部可能扭曲變形嗎？

答——上吊的結果取決於幾個因素，諸如受害者的體重、頸部粗細和肌肉發達程度、墜落的距離等。若受害者墜落數呎，絞索的確會使他的頸部骨折，近乎瞬間死亡。一旦墜落，便癱軟地掛在半空。是的，他的膀胱和腸子很可能會排出大小便，現場瀰漫便溺應有的氣味。

另一方面，若墜落距離短，譬如踢掉椅子或腳凳，抑或嚇跑胯下的馬匹（想像一下古老的西部馬廄），他的脖子不會折斷，死因將為勒殺。過程緩慢而痛苦，他會亂踢掙扎。等到終於斷氣，也會如前述一樣大小便失禁。

在後者的情況下，死者的臉部呈紫色，充血腫脹，眼球凸出，舌頭可能腫起、向外吐出，頸部因掙扎時摩擦繩索而破皮。此外，結膜（也就是眼瞼內的粉紅色部分）將呈現點狀出血（petechial hemorrhages），看起來像是小小的鮮紅斑點，源於這些細嫩組織裡的靜脈與微血管壓力增加。類似結果也常見於徒手扼殺或索狀物勒殺。

多數上吊自殺都執行得很糟糕，受害者頸部並未折斷，因此最終死於窒息或勒死。無論最初自殺的決心有多堅定，上吊者一旦踢掉椅子，發現自己竟然還沒死，宗教信仰和恐慌立刻襲上心頭，展開生死存亡的掙扎。突然間，自殺計畫不再有吸引力。由於自行上吊者一般無法將雙手綑綁在背後，因此會用雙手奮力求生。他會抓自己的脖子或試圖攀爬繩索，以紓解絞索的壓迫。於是導致皮膚抓傷與撕裂傷，指甲剝離，以及手掌與手指被繩索擦傷。

## 6

### 外傷導致的流產會不會讓人從此不孕？

問——我安排故事裡的一個角色在懷孕三個月時，因車禍受創而導致流產。後來醫生告訴她，她永遠不可能再懷胎生子。請問這有可能嗎？要發生什麼狀況，才會讓她再也沒辦法懷孕呢？

答——你設想的情境有可能發生。

首先，關於車禍和流產的問題。汽車意外導致的腹部鈍傷可使人流產。車禍發生時，安全帶會傷及下腹部，也包括子宮。若沒繫安全帶，和方向盤、儀表板或椅背（假設她坐在後座）發生撞擊，也會造成類似傷害。家暴中可能發生的摔落樓梯（好萊塢電影的標準流產情境）與拳打腳踢，都會導致類似情況。

懷孕期間，胎兒在子宮的羊水裡漂浮，羊水有些許避免創傷的保護作用。可是若力道夠大，胎兒仍會受創乃至死亡。或是給予胎兒養分並附著在子宮內壁的胎盤鬆動，導致子宮腔內出血或胎兒失去胎盤供養，也會造成死亡和流產。受嚴重創傷時，子宮可能破裂，而且胎兒甚或母親都有喪命的危險。由於懷孕期間子宮擴張，子宮壁變薄，使得愈到後期，發生這種災難的可能性就愈高。

若子宮完好無損，可是胎兒死亡，則必須進行「子宮擴刮術」（dilatation and curettage）以移除死胎與胎盤。「擴」代表擴張、打開子宮頸，外科醫生唯有如此才能觸及子宮內部；「刮」是從腔壁移除物質，在這個案例中為子宮裡的胚胎與胎盤。若子宮破裂則需進行急救，應立即動手術搶救母親。子宮在這種情況下往往會被切除，不過有時仍能修補挽回。

如果想要排除未來懷孕的可能，子宮或脆弱的子宮內膜必須受損至受精卵無法著床的程度。否則就讓子宮留下某種傷疤，即使受精卵著床，子宮亦無法供養胎兒成長。經歷創傷和子宮擴刮術後，兩者皆為可能的結果。不用說，如果子宮切除，自然無法懷孕。

你筆下的人物若在車禍中子宮破裂，她會感到下腹部劇痛、陰道出血，而且很有可能進入休克狀態——臉色蒼白、身體冰冷、汗流不止、精神錯亂、失去意識、脈搏微弱和低血壓。高級救護技術員會先進行靜脈輸注，提供傷患大量流質如D5LR（百分之五葡萄糖乳酸林格氏液），以及輸氧，然後疾駛前往最近的醫院或創傷中心。她將立即被送進開刀房進行緊急子宮切除術。若一切順利，她需要住院五至七天，然後再等六至八週就能恢復正常。當然了，該情況造成的巨大心理壓力，可能要好幾年才能克服。

# 7

## 用槍抵住下巴自殺會造成怎樣的傷口？

問——若我筆下的人物以手槍抵住下巴扣板機自殺，而且槍裡裝的是「加碼彈」（hot load）用來對付車輛和類似目標的高威力麥格農子彈），彈道測試結果會是怎樣？彈頭造成的外傷會不會因完全穿透（over-penetration）而較小，抑或蘑菇效應（mushrooming effect）會摧毀大部分顱骨（換句話說，彈頭是否會因為遭遇阻力而開花）？這麼做有生還的機會嗎？或者這是致命率極高的方法？除了大腦「灰質」（gray matter），現場會留下大量血跡嗎？

答——是的，只要手槍沒滑掉，而且角度不變，這是非常有效且致命率幾乎百分之百的方法。多年前，我見過一名男子，用獵槍抵住自己的下巴並扣下板機。他的槍管微向前彎，打爆了自己的臉，彷彿有人拿斧頭把他的臉劈掉。子彈並未進到顱骨，當高級救護技術員接他去醫院時，他的神經完好無損，意識清醒。整形外科醫生和神經外科醫生把他救了回來。不過，除了這樣的偶發情況，此手法絕對致命。

一般來說，入口傷（entry wound）相對小，出口傷（exit wound）則較大，可能讓整塊頭蓋骨和大部分腦袋搬家。現場會留下大量組織和鮮血。然而，外層包覆鐵氟龍的子彈，或專為「穿透裝甲」而製的子彈，應該不會「開花」，因此入口傷和出口傷都不大，相對留下較少的組織和鮮血。但仍舊致命，只是不那麼血肉模糊。

## 8

### 腦震盪的症狀有哪些？

問——一個人的頭部若遭到物件擊打，失去意識十到十五分鐘左右，請問他清醒後會出現哪些症狀？失憶症嗎？這些症狀會持續多久？

答——這在醫學上稱做腦震盪，是指短暫的意識喪失，或某種程度上與失憶症有關的意識變動（〔alteration of consciousness〕恍惚）。常見於你所描述的頭部鈍性傷，還有車禍、墜落等狀況下會發生的減速傷（deceleration injury）。

失去意識是由於網狀活化系統（reticular activation system）的電生理作用中斷。網狀活化系統位於大腦底部專門負責維持意識的一個區域，重擊會暫時「攪亂」其電流，造成意識喪失。失憶症的機制則有待釐清。

這類外傷的相關症狀因人而異，但不出下列幾種：

**常見：**頭痛、暈眩、失憶症
**較不常見：**精神萎靡、心智混亂
**更不常見：**耳朵內嗡嗡作響、視力模糊或複視（影像重疊）
**罕見：**癲癇發作

這些症狀持續的時間從數分鐘、數小時乃至數日不等。某些人的症狀可能持續數週至數個月。國家美式足球聯盟（NFL）四分衛與拳擊手特別容易遭遇腦震盪。史提夫・揚（Steve Young）與特洛伊・艾克曼（Troy Aikman）皆因多次腦震盪而錯過一至多週的美式足球季，因為他們的症狀（多為暈眩和頭痛）整整持續了那麼久。拳擊比賽的KO（knock out），說穿了就是腦震盪。

失憶症可能僅限於失去意識期間，也可能延續到傷後一陣子，又或者向前逆行，導致患者不記得受傷前發生的事。舉例來說，車禍腦震盪的人，可能不記得曾進到車內或離開家門，或不記得他們當時要去哪裡。

若患者在重擊後癲癇發作，則必須進行徹底的神經功能評估，確保大腦沒有受損，以及大腦內部或周邊亦無出血。遇到這樣的情況，醫生會建議患者照顱骨和頸部X光、電腦斷層掃描（CT）或磁振造影（MRI），並要求住院觀察。

治療輕微腦震盪的方式就是等待，同時避免進一步的創傷。若感到頭痛，可服用泰諾（Tylenol）、阿斯匹靈（Aspirin）、Darvocet、維柯丁（Vicodin）以及其他止痛劑。若是暈眩，通常可服用導安寧（Dramamine）、美克旅鎮（Meclizine）、Antivert；這些藥物也是暈車藥。一般來說，傷患會在數分鐘、數小時至數天內回復正常。

## 9 所謂「呼吸困難」（wind knocked out of you）是怎麼回事？

問——我筆下的人物胃部挨了一記拳頭，導致她「呼吸困難」。請問這是為什麼？她需要多久時間恢復？

答——當一個人的太陽神經叢（〔solar plexus〕也就是腹腔神經叢〔celiac plexus〕），介於胸骨底端和肚臍之間的腹部區域）遭受嚴重鈍力外傷，確實會停止呼吸幾秒鐘。許多從脊髓延伸至全身的神經，會通過稱為神經節的「中繼站」。其中幾個神經節位在胃的後方，靠近主動脈。主要神經節有「腹腔神經節」（celiac ganglion）和腸繫膜上與腸繫膜下神經節（superior and inferior mesenteric ganglia），一般統稱為太陽神經叢。

若對此區域猛力一擊，會造成這些神經節與神經釋放幾秒鐘巨大且不穩定的脈衝，進而導致橫膈膜（diaphragm）痙攣或抽搐。橫膈膜是分隔胸腔和腹腔的肌肉，功用是促使空氣吸入再強迫排出肺臟。當它痙攣時，人無法呼吸，於是感到「呼吸一窒」。

症狀包括疼痛（來自重擊也來自橫膈膜痙攣，就像腿抽筋），以及因無法呼吸而產生的窒息感。受害者往往會流淚，彎腰或倒在地上，試圖吸進空氣，但必須等到橫膈膜放鬆且恢復正常運作才能呼吸。恐懼占很重的戲分，因為當事人會以為自己再也無法呼吸了。

幸好，在幾秒鐘（約五至二十秒）之內，神經系統就會「重整旗鼓」，橫膈膜放鬆，呼吸恢復。不消說，當你無法呼吸時，幾秒鐘就像一輩子。在那之後，傷患完全復原需要幾分鐘的時間，然後就能活動如常。重擊與橫膈膜痙攣也許會留下輕微疼痛感，但整體來說，她將無大礙，不會留下長期傷害。

# 10 一個人被推下樓梯會造成什麼外傷？

問——我安排故事裡的主人翁將兩名二十來歲的混混推下幾階水泥樓梯。為了劇情需要，我希望那兩個人各有一段長短不一的時間，無法繼續對他窮追不捨。其中一人是幾天，另一人是整整一週或更久。前者在無行動能力、住院治療期間，務必保持清醒，後者則不一定需要。除此之外，前者必須康復到未來足以對主人翁造成嚴重身體傷害的程度。請問兩名混混可能受到哪類外傷，而且能符合我的劇情需求？

答——滾落階梯的情境提供了許多受傷機會。你故事裡兩名混混可能受到的創傷如下述，其差別在於嚴重性。

**骨折**

水泥階梯可導致骨頭斷裂，諸如手臂、腿、肩膀、髖骨、肋骨和顱骨。前述任何一種骨折都能阻止混混立刻起身追逐你筆下的主人翁，尤其是顱骨、腿和髖骨骨折。這些骨折都要好幾週才能痊癒。

髖骨：髖骨骨折需要動手術，能讓混混臥床好幾個月。摔下階梯後，他的意識清醒，但至少四到六個月無法進行追捕。

顱骨：顱骨骨折，傷患可能意識清醒，也可能昏迷數分鐘至數日。任君安排。康復需要兩個月，而且期間與人打鬥是不明智的選擇，不過要打也是可以。事實上，若他走硬漢路線，可能幾天後就能上場拚搏。這簡直不要命了，但不無可能。但我懷疑大部分的讀者不會買帳。顱骨骨折或許適用於混混二號。

腿：股骨（大腿）骨折類似髖骨骨折，需要動手術外加幾個月的康復期。脛骨或腓骨斷裂則不一定需要手術，不過得打石膏固定四至六週。

肩膀：肩膀骨折十之八九需要動手術，可是若肩關節只是脫臼，大概不用動刀。若得動刀，混混幾週內不可能登場打鬥，但脫臼的話，一兩天後就能活動。不過，他將承受相當程度的疼痛，若你覺得合適，還可以把他變成「獨臂俠」。肩膀脫位或脫臼時，一般會用繃帶將手臂固定幾週，直到拉傷的韌帶癒合為止。

手臂：肱骨骨折的情況類似肩膀骨折，橈骨或尺骨骨折則需要打石膏固定數週。傷患將只剩一隻手臂作戰，不過石膏也是很棒的武器。

肋骨：假設肋骨骨折並未刺穿肺臟，他有好幾天都會感到極度疼痛，接下來幾週仍有明顯疼痛。但幾天過後，他可以繼續追逐主人翁，這個傷適合混混一號。肋骨骨折引發的疼痛不容小覷，而且通常尖銳而劇烈，呼吸和肩膀或胸部動作時更是雪上加霜。壞人能夠打鬥，但會感到痛苦不堪。

若肋骨刺穿造成氣胸，他住院治療和康復的時間會更長，情況也更複雜。

## 頭部創傷

腦震盪是不錯的選擇，畢竟傷患將「昏迷」數分鐘至數小時，但終無大礙，只剩下頭痛。其他殘留症狀包括暈眩、輕微噁心、視力模糊，以及頸部僵硬。這些症狀可輕可重，將持續一兩天至數週。當然，傷患能夠如你所願在一至數天後再次登場搏鬥；美式足球四分衛就是絕佳範例。

## 肌肉拉傷

背部肌肉拉傷，特別是下背，將使混混無法立刻起身追逐，但以止痛藥物與肌肉鬆弛劑治療之後，疼痛應該會在幾天內消退。然後，他就可以幾乎不受限地進行攻擊。他也可能持續感到疼痛與僵硬，導致追逐與打鬥能力受限。

## 內傷

跌落水泥階梯的後果和車禍類似，可能導致各式各樣的內傷。肝臟撕裂、脾臟破裂、腎臟破裂需要動手術，而且恢復期漫長。腎臟瘀血或許符合你的需求。跌落階梯的創傷使腎臟瘀血，引發側腹疼痛和血尿，復原需要幾天至幾週。復原之後，他可以和主人翁追逐打鬥，有點疼，但動起來沒問題。

混混一號可以是肌肉拉傷、腦震盪、肋骨骨折或腎臟瘀血，復原期間不會呈無意識狀態，而且能夠在幾天後再次上場打鬥。

混混二號可以遭受更為嚴重的骨折（髖骨、腿、肩膀、顱骨）；或是腦震盪（甚至腦出血）；或肋骨骨折，刺穿或沒刺穿肺臟皆可；或內傷。他隨時可能陷入昏迷，也可以從頭到尾保持清醒。復原約需數週至數個月。

# 11

## 摔到石頭上會受什麼樣的傷？

問——若我筆下的受害者被推落懸崖，下墜六十呎（約十八公尺）摔到崎嶇岩石上，將導致哪些整體或特定部位的傷？六十呎高是否足以致死？

答——從六十呎高墜落到崎嶇岩石上必死無疑，除非發生奇蹟。曾有人跳機後降落傘失靈，卻還能活下來訴說事發經過，不過這類情況極為罕見，而且他們往往是落在剛犁過的田地，或其他不具殺傷力的地形。毫無疑問，這不是經常發生的事。

手腳、顱骨和脊椎在墜落後會摔斷；腎臟、肝臟、肺臟和脾臟會變成一團爛泥；腸胃、膀胱和主動脈破裂。用一團糟仍不足以形容。

類似這樣的墜落，你基本上可以設定筆下人物受到任何形式的創傷，只要程度夠嚴重即可。在這種情況下不可能只有輕傷。

若在屍僵期間被發現，屍體會「凍結」在死亡那一刻的姿勢。記住，屍僵在死亡十二小時後出現，然後在接下來二十四小時內軟化。若屍體在這段時間被發現，將呈癱軟狀，而且被抬起時骨頭可能發出碎裂或磨擦的聲響，有如一袋大理石。

當然，死者的骨折大多會是開放性的，亦即斷裂的骨頭刺穿表皮，而且腹部或胸部可能破裂。此外，崎嶇岩石可能造成手、腳、腹部和胸部撕裂傷與組織深層撕裂，或者石頭直接刺穿顱骨，而非顱骨碎裂。死狀不堪入目。

# 12

## 跌落樓梯可能致死的原因為何？

問——一名三十四歲的女子因跌落十四級階梯而死，請問這樣的情節合理嗎？她整晚酗酒，腳踩五吋（約十二公分）的高跟鞋。她需要撞到什麼特定的部位嗎？致死原因為何？我覺得她可以撞到頭，但想請教你有沒有其他想法？若有人推她一把，解剖時看出來嗎？

答——這類死亡事件天天上演。「受酒精或藥物影響」的人是高危險群。樓梯、梯子和浴缸是居家環境最危險的地方。摔落十四級階梯可能造成嚴重且致命的外傷，情形類似發生車禍。

死亡原因可能來自許多不同的外傷。肝臟、脾臟破裂，或其他內部臟器破裂，因而引發內出血以及死亡。股骨骨折是可能發生的外傷，而且也致命。當股骨粉碎時，其尖銳邊緣可能割裂腿部的大動脈和大靜脈，導致大量失血，乃至死亡。若骨頭「刺穿」表皮（這類骨折稱為「複雜性骨折」〔compound fracture〕或開放性骨折），血液會透過穿孔流出體外。不過，即使沒有複雜性骨折、沒有「開放」傷口，表皮完好無損，仍可能大量出血而致命。大腿能容納幾夸脫*的血液，足夠使人休克與死亡。

然而，頭部或頸部外傷是你的最佳選擇。無論脖子斷掉，還是顱內出血，或是在顱骨骨折及未骨折情況下的大腦內部和周圍出血，都非常符合你設想的情境。死亡可能立即發生，也可能需要幾分鐘、幾小時乃至幾天。

人為推落不太可能留下驗屍官能辨識的痕跡。屍體解剖時，法醫的判定是一名酒醉的女子頸部骨折或腦出血，將以意外死亡結案，不疑有他。

* 美制一夸脫約等於九百四十六毫升。

# 13

## 鼻子斷掉會怎樣？

問——一個人弄斷鼻子後看起來是什麼樣子？需要動手術嗎？鼻子遭到重擊有沒有可能只流鼻血，而沒有骨折？

答——他可能只是流鼻血；或者鼻子腫起來，顏色發青，然後流血；或者鼻梁骨粉碎而變形，甚至塌陷，然後流血。無論如何，一定會流血。由於鼻子裡的薄膜（稱為鼻黏膜〔nasal mucosa〕）布滿血管，流鼻血是稀鬆平常的事，就算只是輕傷也會流鼻血。

鼻子絕大部分由軟骨組成，只有根部是骨頭。既然軟骨柔軟具彈性，遭受重擊有可能僅傷及軟組織，不會造成骨折；也可能軟骨、骨頭，或者兩者都斷裂。

骨折的鼻子通常須移回原位，用繃帶固定，讓傷口自然癒合。雖然不常見，但偶爾也需要動手術。癒合階段通常會將一片短金屬夾板黏在鼻子上做為支撐。

他的外表看起來鼻子呈烏青色，眼睛下方一帶也是，因為血液大多會積在那裡。這種情況將持續至少兩週。

# 14 「熊貓眼」會持續多久？

問——我筆下的人物在靠近眼睛處挨了一拳。請問她的熊貓眼會持續多久？

答——瘀青（挫傷）是因為血液從受創的微血管滲漏所致。眼睛吃拳頭，大腿撞到桌角，以及腳踝扭傷，都可能引發瘀青。創傷導致的藍黑色變色（discoloration）範圍，取決於受創血管滲出的血液量，而且身體各個部位皆不盡相同。眼睛周圍的組織（眼眶一帶）非常柔軟，有許多血管因此容易瘀血，而且特別嚴重。眼周一旦變色，比起大腿或手臂挫傷將更加明顯，需要更久才能復原。不僅如此，由於地心引力的作用，將導致瘀青向下蔓延至上臉頰。

微血管滲血將持續兩到三天，瘀青會逐漸擴張並加深顏色。所以醫生才建議在七十二小時內以冰塊冰敷瘀青處，藉此減慢流速幫助血液凝結，減少滲漏的血量，進而縮小瘀青範圍。

受傷後第三天到大約第十天，滲漏至組織裡的血液開始分解，並由體內酵素（酶）和清道夫細胞（〔scavenger cell〕也就是巨噬細胞〔macrophage〕）清除，因而深沉的烏青色將逐漸淡去。

從第十天到大約第二十天，殘留的烏青色將變成棕綠色和（或）棕黃色。這個獨特的顏色來自體內酵素破壞血紅素（hemoglobin）後所產生的分解物。這些分解物接著由巨噬細胞消耗並清除，到第二十天應可完全消失，挫傷一帶的皮膚顏色也將恢復正常。

簡言之，烏青色瘀血在前三天持續加深擴大，接下來七天轉淡並開始消褪，變成介於棕、黃、綠之間的顏色，再接下來的十天則持續消褪，最終徹底分解。受傷約七至十天後，你筆下的人物即可化妝遮蓋傷勢。

# 15

## 脊髓哪裡受創會造成四肢癱瘓？

問——在我的故事中，受害者離開衝突現場之際，被人從背後射了一槍而癱瘓。我希望他四肢癱瘓，但右手臂和手掌稍微能動，而且能自主呼吸。請問子彈射中脊髓哪個部分會造成此結果？需要多大口徑的子彈？

答——脊髓從大腦底部突出的腦幹延伸而下，受脊椎的保護。脊髓藉由這個通道，將神經延伸到肺臟、心臟、手腳等處。脊髓就像是家中的主要電纜，會分岔為許多支電纜，分別通向客廳、房間、廚房、車庫等。若主電纜受損，損傷處以下的支電纜將失靈，但在損傷處以上分流的那些支電纜仍運作良好。假設房間通往廚房的電纜被剪斷，廚房電器無法運作，車庫門的開關也會沒電，但客廳和房間的燈不受影響。同樣地，若脊髓受損，從身體部位的末梢至損傷處將停止正常運作。

脊髓按照功能分成「許多節段」(levels)，不過從解剖圖看不出各節段之間的差異。脊髓節段的名稱與脊椎骨的各節段相同。脊椎主要分為頸椎(cervical)、胸椎(thoracic)、腰椎(lumbar)和薦椎(sacral)。頸椎共有七節，分出八對神經，分別是C1至C8；胸椎十二節(T1至T12)；腰椎五節(L1至L5)；薦椎五節(S1至S5)。每個節段分出的神經延伸向身體不同部位，而這些神經密布的區塊稱為「皮節」(dermatome)，圖4顯示各脊髓節段的神經延伸到身體的哪些部位。

圖4

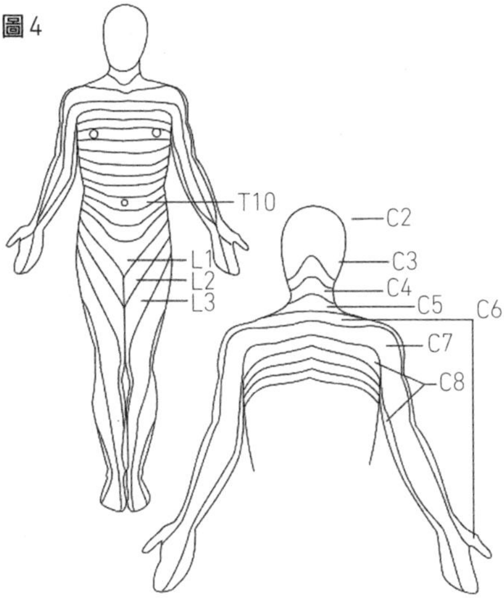


醫生檢查病人的脊損傷，可以根據身體哪些部位的運動或感覺功能有缺陷，來辨別哪些節段受損。舉例來說，C2控制頭皮和下巴，T10控制肚臍節段一帶，L1至L3控制大腿。若醫生發現肚臍節段以下功能全部喪失，他會推斷傷患的脊髓在T10處受創，醫學上稱做截癱(paraplegia)，因為他不能使用雙足，而T10以上一切功能正常。

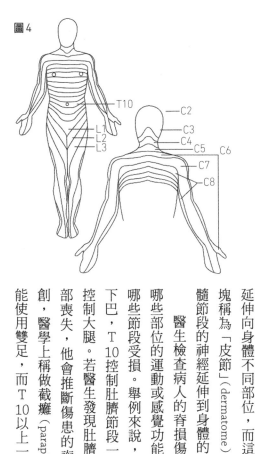

要滿足你設想的情境，關鍵在於控制橫膈膜和呼吸的C3至C5，還有控制雙手的C6至C8。受害者若要呼吸功能無虞，損傷必須在C5以下，不過因為他的雙手幾乎殘廢，所以又要高於C8。也就是說，C6或C7節段受創最為合適。換算成子彈射中的位置，應該是靠近後頸和肩膀銜接處。該節段脊髓受損的傷患能保有呼吸能力，卻會失去一或兩隻手臂的功能。

請注意，脊損傷導致的缺陷不需要對稱。也就是說，左側可能比右側更嚴重，反之亦然。因此，你筆下人物的右手臂和手掌可保留部分或全部的功能，但左手卻是全殘。

任何槍枝都能造成這樣的創傷。小口徑如點二二或點三二，直接命中能使脊髓受創。大口徑如點三五七或點四四，殺傷力更大，即使沒有直接命中，也能造成脊髓損傷。

## 16

### 一個人出血有可能拖上好幾天才死嗎？

問——我的故事發生在十九世紀的移民車隊。有個人渡河時遭到馬匹拖行，撞上好幾塊石頭和彈起的馬車後輪。可想而知，馬蹄也對他造成了傷害。三天後，他因內傷導致大量失血而死。拖延三天才驟然出血，對故事的發展至關重要，但是這合理嗎？

答——答案是肯定的。

不難想像，這類意外可能造成各種外傷。粉身碎骨、顱骨骨折、頸部骨折、肋骨骨折、氣胸，以及腹內損傷（腹腔內部受創）。最後一種類型的創傷可能符合你的劇情需求。脾臟破裂、肝臟挫傷或腎臟受損，這類創傷造成的出血會流進腹腔。有可能立即死亡，也可能出血緩慢，幾天後才死。他將感到劇痛難耐，尤其是移動或呼吸的時候，而且腹部會腫脹。此外，肚臍周圍及腹部兩側會泛青色，出現類似瘀血的變色。通常要二十四至四十八小時以上才會出現。這是因為血液從「筋膜平面」（fascial plane）間滲出。筋膜是具韌性的白色組織，將肌肉與肌肉隔開。血液會沿著這些分隔外滲至深層皮膚，造成變色。

但有個問題是，這類內傷不會引發外出血。腹腔是一個密閉空間，因此血液無法排出。

不過，若受傷的是腸道，就可能出現外出血。出血的部位必須在腸內，而不是腹腔。若腸道破裂或撕裂導致腸內出血，血液將從直腸流出。由於血液在腸內會發揮緩瀉劑的效果，所以出血可能立即發生，然後斷斷續續直至死亡。然而在這種情況下，傷患幾分鐘、幾小時乃至一天內就會死亡，最多不超過兩天。就這點來說，三天後才出血的安排不太合理。

有個例外能符合你的故事需求。

不是腸道破裂或撕裂，而是腸瘀血，這會造成腸壁血腫（hematoma）。隨著血腫面積擴大，輸送到該腸段的血液供給減少。一到兩天後，腸道將壞死，醫學上稱做「缺血性腸壞死」（ischemic bowel）。一旦腸段壞死，出血旋即發生，如此便能受傷三天後再出血。

根據你設想的情境，這個角色理應出現多重外傷，因此腹部腫脹、變色、劇痛、發燒、寒顫，甚至死前出現譫妄，以及最重要的出血，全都可能發生。不太怡人的死法，但我想在拓荒時代應該不太罕見。受害者應被安置於篷車內，由其他人給予最大的安慰。他們可能會用沾水海綿緩解他的發燒，餵他喝水或湯（不過他可能會嘔吐），並為他禱告。也許他們能找到鴉片酊劑（tincture of opium）讓他服用。這能稍微減輕痛苦，因為鴉片是一種麻醉劑，也能減少腸道蠕動，進而減輕疼痛甚或出血。

當然，根據你設定的時代背景，你筆下的人物不會知道我描述的任何外傷原理，頂多知道他受了重傷，性命垂危。某些移民車隊的成員可能見識過類似外傷，或許了解傷勢的嚴重性。但他們不可能懂得其中的生理學知識，說不定還認為，既然他活過了第二天，應該不會有事，因此對他最後失血而死震驚不已。或者，他們可能知道馬車顛簸不僅對傷患是個折磨，而且對傷勢不利。車隊說不定在他活著的那三天稍作停留，抑或部分馬車留下來照顧他，讓其餘先行。

## 17

## 一名孕婦和她未出世的孩子，能否在嚴重腦震盪和近乎溺水後大難不死？

問——在我的故事中有個懷孕六個月的女性角色。在一次爆炸中，她因為頭部猛力撞擊室內游泳池的梯子，失去意識掉進水裡。她缺氧時間不明，但不至於太長。很快就有人將她救起並進行心肺復甦術，而她也恢復了呼吸，不過仍未清醒。到醫院後，醫生宣布她陷入「輕度昏迷」。從超音波來看，胎兒似乎無恙。她處於昏迷狀態兩到三天，每天有起色。請問這樣安排合理嗎？會不會有長期的副作用？醫院會幫她做其他檢查或治療嗎？

答——你設想的情境不僅有可能發生，而且機率非常高。

後遺症端看最初受創的嚴重度、接受治療的成效，以及運氣。她可能只有腦震盪，也可能顱內出血（腦內或周圍出血），譬如硬腦膜下血腫（大腦和顱骨之間積血），需要動手術。她可能因溺水導致大腦缺氧而遭受嚴重且不可逆的傷害，也可能徹底痊癒，沒有留下任何長期損傷。根據你的設定，簡單的腦震盪最為合適。腦震盪患者可能立即清醒過來，也可能會持續昏迷數日，誠如你所描述的情況。

她十之八九會順利康復，只留下輕微後遺症，像是頭痛、失去部分認知功能（思考和解決問題），以及一些記憶方面的問題。這些後遺症大抵不會太嚴重，而且在接下來一個月內逐漸好轉。她不太會有運動或感覺方面的障礙，也就是說，她的四肢和其他部位將正常運作。她有可能因為撞擊，大腦受創而引發癲癇，不過機率不高。

醫院會為患者進行顱骨X光、腦部磁振造影或電腦斷層掃描（腹部由鉛板遮蔽，以保護胎兒不受輻射傷害）的檢測。可能還會進行脊髓抽液和腦電波儀（〔EEG〕一種檢測腦波的方法）。

治療方法大致是靜脈注射類固醇（舒汝美卓佑〔SoluMedrol〕和迪皮質醇〔Decadron〕是不錯的選擇）或施予利尿劑（常見的有來適泄〔Lasix〕和邁尼妥〔Mannitol〕），以減緩大腦腫脹，然後觀察是否出現併發症。

醫生將密切觀察胎兒，一旦出現任何狀況或胎兒窘迫的跡象，就會進行剖腹產（caesarian section）。在母親的腹部貼電極片，可以觀察心電圖（electrocardiogram〔EKG〕）是否出現致命的心律和心率。此外，也會在下腹部置入胎兒鏡（fetoscope）。這是一種超音波探頭，利用音波造影，將胎兒即時顯像在小型螢幕上。胎兒窘迫的徵兆包括心率或心律不正常加速、減速與不規律，以及任何不正常的胎動。

在這次意外事件之後，她可能會出現一些情緒障礙，像是莫名哭泣、躁動不安和焦慮，也可能會失眠、抑鬱，以及無端發怒。畢竟她仍有孕在身，會擔心嬰兒的健康。她可能對意外感到自責，也可能責怪她的丈夫沒有陪在身邊，端看你的劇情需要。

## 18 十九世紀的截肢技術為何？

問——我的故事背景是十九世紀末期的美國邊疆地區。小說即將進入尾聲時，主人翁必須進行手臂截肢（手肘近距離槍傷，從手肘上方截肢）。請問截肢手術的典型程序為何？由於彈頭嚴重傷及血管，因此主人翁會先使用止血帶（tourniquet）。這麼做沒問題吧？我會讓患者吸點乙醚，以便外科醫生從容進行手術。

答——在十九世紀，截肢是危險又殘酷的事。當時的醫學無法修復受損的四肢，也無法控制壞疽感染，因此截肢被視為拯救受害者的唯一希望。然而，過程中外科醫生得擔心傷患失血休克而死，以及術後殘肢遭到感染。因為沒有庫存血可以補充失血與治療休克，抗生素也尚未問世。就算手術順利完成，受害者也常死於持續出血或感染。

由於極為疼痛，而且麻醉劑在蠻荒地區或戰爭期間經常短缺，外科醫生不得不速戰速決。常見的麻醉劑是酒精（或什麼都不用），不過當時也開始使用乙醚。一八四二年，克勞福德・朗（Dr. Crawford Long）醫生率先於喬治亞州亞特蘭大的一場手術中使用乙醚。至於使用乙醚的第一次公開示範，則是在一八四六年的波士頓。因此，取得乙醚是很合理的安排。

即使嗅聞乙醚，患者很可能仍需由幾名壯漢壓制，而且嘴裡大概會咬著一片皮革或木頭。

念醫學院時，我參與過兩次截肢手術。時至今日，截肢依舊相當殘酷，又切、又鋸、又鑿、又敲。然而，即使有了那兩次經驗，我最難忘的截肢手術畫面還是電影《亂世佳人》（*Gone With The Wind*）裡的那一幕*。

沒錯，止血帶應該緊緊纏繞肢體周圍，防止手術中切穿的動脈大量出血。以你的故事為例，止血帶應纏繞在肱骨中央（上臂）一帶。外科醫生首先拿一把大刀，繞著手臂周圍切穿組織，直至骨頭，接著以手鋸切斷骨頭。殘肢切口得用灼熱的刀刃，或其他以火加熱的金屬燒灼，並用手邊最乾淨的布條包紮。

十九世紀晚期，這類手術的死亡率約五成以上。由於多數死亡為失血與休克所致，因此發生得相當迅速；有些患者和死神拔河數日至數週後便撒手人寰。

* 一名軍人要進行腳截肢手術，電影以倒影、軍人的哀嚎嘶吼，以及一旁觀看者作嘔的表情，呈現截肢手術的可怕。

# 19 肩膀脫臼的人，動作會受到哪些限制？

問——我筆下有個人物受困在偏遠的狩獵營地兩到三天，而且肩膀脫臼。請問：
一、如果他未能及時治療，傷勢會持續惡化抑或維持原樣？
二、他會出現哪些症狀？肩膀的疼痛會趨緩嗎？還是愈來愈痛？
三、他會出現哪些功能障礙？完全不能使用手臂嗎？或者不能使用或動到肩膀，但可以用手掌抓東西或舉起很輕的物品？
四、當他終於接受治療，醫生會怎麼處理像這樣的外傷？他有多久不能工作？若他是個硬漢，有可能在一到兩天內就生龍活虎嗎？

答——肩膀是人體最複雜的關節之一。它的運動範圍很大，能像膝蓋一樣做鉸鏈動作，像髖骨一樣旋轉，甚至可以像風車般轉圈。它基本上是一個「杵臼關節」（〔ball and socket〕也稱做球窩關節），杵是肱骨的頂端，臼則是由肩胛骨的肩臼（glenoid cavity）和肩峰（acromion）組成。肩臼和肩峰將肱骨和肩胛骨結合在一起的數條韌帶，以及軟骨的內膜，共同形成一個平滑、零摩擦的杯狀空間，稱做關節囊（joint capsule），讓肱骨的「杵」在裡面活動。

脫臼是指杵受到外力而脫出臼槽，通常源於肩膀直接受創或手臂遭劇烈扭轉。橄欖球員、體操運動員和孩童由於手臂經常承受猛烈拉力，是這類肩傷的常見患者。

脫臼的疼痛立即且劇烈，不過一旦脫臼「復位」（杵回到臼裡），就幾乎不會疼痛。不過在接下來幾個小時，血液進到關節，導致周邊肌肉痙攣（收縮），試圖穩定關節，傷患會再次感到疼痛。此時無論肩膀朝任何方向動作，都像是被刀刺一般。前三到四天最為嚴重，然而疼痛和功能障礙可能持續數週或數月。這是我個人的經驗談。九次脫臼。橄欖球是偉大的運動。

脫臼復位（推拿或迅速將之移回原位）的方法有很多。有時候僅僅將手臂向外舉起就能復歸原位。若有其他人在場，可以將傷患的手臂掛在自己肩膀上（傷患站在身後），然後身體前彎將對方扛到背上。這個動作將肱骨向前、向外拉，通常足以使杵再次滑進臼裡。另一個方法是讓傷患平躺，抓住他的腕關節，用腳掌抵住靠近腋下的胸口處，然後將他的手臂向側邊拉。這個動作能將肱骨頭向外拉，幫助杵重新回到臼裡。（除非經過專業訓練，否則不要隨便嘗試上述方法，若是操作不當，有可能造成二度傷害。）以你的故事來說，他還可以用繩子繫住腕關節，把另一端固定在樹木或岩石上，接著將手臂向外一拉，使脫臼復位。

肩膀脫臼應盡快復位。一旦肌肉痙攣，復位可能難度大增。此外，通往手臂的神經和血管從肩膀下方經過，穿越腋窩（從腋窩可以感覺鎖骨下動脈的脈搏），脫臼可能損壞這些重要渠道，引發短期或長期的問題。血管損傷可能使手臂局部缺血、血腫，甚或導致動脈瘤（〔aneurysm〕動脈膨脹）生長。神經受損則會造成運動功能喪失（癱瘓或無力），以及感覺功能異常（麻木、刺痛、協調性喪失、觸覺和感覺弱化）。

若肩膀無法復位，他的活動能力將嚴重受限。他無法移動肩膀，而且神經受損或緊繃的話，他的手可能也沒辦法使用。一旦復位，他將有幾小時能正常活動，直到肌肉痙攣發生。痙攣開始後，肩膀會「動彈不得」，即使最微小的動作也會引發劇痛。但他應該能彎曲手肘和使用雙手。

單純脫臼的治療方法就是復位，以吊帶把手臂固定於胸口，防止肩膀移動，並給予止痛藥，給它時間慢慢復原。若傷勢比較複雜，譬如關節囊受到嚴重損害，或血管、神經受損，則需要手術治療。肩膀完全復原需要好幾個月的時間，不過若是單純的脫臼，兩週後他應該就能小心移動肩膀，並從事大多數活動。

## 20

## 開放性氣胸有哪些症狀，該怎麼治療？

問——我有個關於開放性氣胸的問題。故事主人翁是一名越戰退伍軍人，他在好友胸部受創約十分鐘後，將改良版的戰地止血敷料（field dressing）貼在他的傷口上。我想知道在這種情況下，讓患者進行對話會不會太牽強？這名受傷男子存活機率高嗎？

答——我們先來認識什麼是「開放性氣胸」（sucking chest wound）。我懂，我懂，胸部受到任何的傷都很掃興，但這名字可是有真正的醫學內涵。任何物品穿透胸壁留下開放性傷口，都會造成開放性氣胸。以胸部中彈為例，彈頭通常在穿透胸壁組織後留下一個小洞。胸壁組織具有彈性，會在彈頭路徑周圍反彈與塌陷，進而封鎖並掩蓋對外的開放路徑。肺部可能被彈頭穿透、塌陷，造成生命危險，但入口傷還不至於產生開放性氣胸。若出口傷較大，或許就有可能。

較大的傷口，像是爆裂性彈片、矛、高速公路車禍撞上護欄，或上述槍傷的出口傷，之所以無法藉由胸壁組織閉合，是因為傷口直徑較大而留下對外開口。

呼吸時，橫膈膜下降、胸部擴張，胸腔內產生負壓，空氣便進入我們的肺部。吐氣則藉由相反的過程，迫使空氣離開肺部。試試看閉上嘴巴，捏住鼻子，然後吸氣和吐氣。這時雖然吸氣產生負壓，吐氣產生正壓，但空氣並未流動，因為你製造了一個「密閉系統」，空氣沒有對外進出的「開口」。

一旦傷口在胸壁造成夠大的開口，吸氣時胸部的正常擴張，會將空氣從傷口吸進胸腔，也就是肺部和胸壁之間。吐氣時，空氣則從傷口離開胸腔（圖5）。

如此會導致受傷那一側的肺部塌陷，而且每次吸氣和吐氣，當空氣經傷口進出體內，會發出一種「吸吮聲」（sucking），因此稱做「開放性傷口」。所幸，兩個肺獨立於胸腔兩側，因此沒受傷那側的肺將正常運作。

別擔心，等待十分鐘不是問題。如果他的身體還算健康，撐一個小時都說得過去。他會活下來，而且單靠一個肺說上好一陣子的話。他會呼吸急促、咳個不停、痛苦不堪，而且感到極度恐懼，不過沒有生命危險。

使用的敷料必須是「封閉性的」。換言之，透氣紗布不行，必須能密不透風地「封閉」開口。緊貼皮膚形成密封狀態的塑膠膜繃帶有很多種，其他像是塑膠包裝、食品袋或垃圾袋，甚或玻璃紙都能派上用場。要是手邊只有紗布，就塗上凡士林之類的藥膏，或利用奶油、泥土，讓它幾乎密不透風。

若肺臟沒被刺穿，在等待送醫救治期間，他的肺部將在某個程度上重新充氣。到醫院後，外科醫生會替傷患修復傷口，並置入胸管。那是一根又大又討人厭的塑膠管，醫生將之滑進胸壁，戳向肺和胸壁之間。塑膠管的用途是引流，藉此讓肺臟重新充氣；管子幾天後就能拔掉。這是唯一傷勢的話，你的傷患將會復原且健康無虞。

圖5

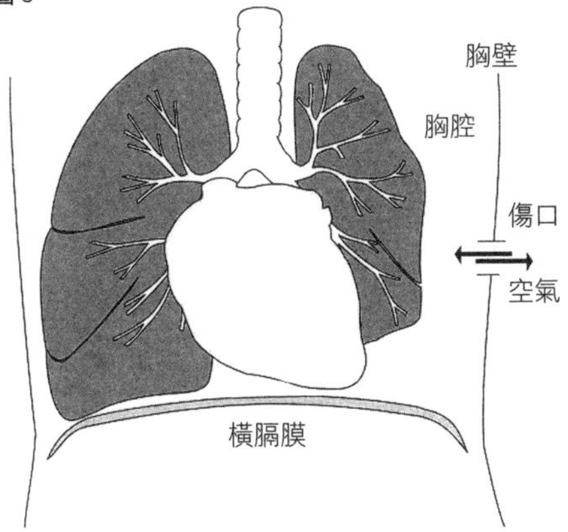

# 環境傷害及治療
## Environmental Injuries and Their Treatment

# 21

## 一個人死於脫水是怎麼回事？

問——脫水而死是什麼感覺？意識混亂？極度口渴還是相反？會不會看見海市蜃樓？若一名老婦人在夏天爬山時迷路，請問從脫水到死亡需要多少時間？

答——脫水就是身體失去水分。人不僅出汗時會流失水分，呼吸時也會從肺部流失（稱做「無感流失」〔insensible loss〕，因為我們不會察覺水分以這種方式流失）。空氣愈是乾燥，呼吸愈是急促，從肺部流失的水分就愈多。光是這樣就可能流失上夸脫的水分。諸如走路、跑步、背背包或爬山之類的活動，都會增加呼吸速率，造成更多的無感流失。炎熱乾燥的氣候會讓水分流失得更加迅速，而即使是低溫，冬天或高山上的乾燥空氣也可能導致嚴重脫水。

脫水的快慢受各式各樣因素影響。若天氣非常炎熱乾燥，可能只消幾小時；若是多雲涼爽，可能需要幾天的時間。

嚴重脫水時，隨著身體水分流失、血量減少，將導致血壓下降。此外，諸如鈉、鉀和鎂等電解質流失，也可能導致肌肉無力和抽筋。

口渴是初期症狀，身體流失大量水分後才會出現。這代表當人覺得口渴時，已經脫水一陣子了。隨之而來的，還有疲勞、呼吸急促、無力、肌肉抽筋、噁心且有時嘔吐、譫妄，最終虛脫、昏迷，然後死亡。

當環境溫度高時，體溫會大幅上升，一旦超過華氏一百零三度（約攝氏三十九．四度），腦袋將不如平常清晰。患者無法正常思考，很可能在原地打轉或產生幻覺，因此很可能看見海市蜃樓。

當然，海市蜃樓與光學有關。熱氣從沙漠或道路散發，改變了空氣的密度，造成光線折射（熱空氣密度比冷空氣小），因而藍天變得像在地平線下，看起來就像一片水域。脫水且神智不清的人，往往會盲目地朝水源奔去，但永遠也到不了。

孩童和老年人特別容易脫水和中暑，因為他們可供儲存水分的肌肉和組織比較少。他們脫水的速度較快，較早顯現出脫水的徵兆和症狀，而且比較嚴重。

根據你設定的情節，夏季高溫和海拔將聯合起來使老婦人加速脫水。高溫會增加出汗，而高海拔的低水蒸氣壓（也就是空氣乾燥）將加快無感流失。另外一個需要注意的因素，是她開始爬山時的脫水程度。如果她當時已經「有一點口渴」，麻煩找上門的速度會更快。除此之外，如前文所述，她動得愈多，脫水愈快。倘若她坐在陰涼處等待救援，或許可以存活好幾天；若她試圖翻山越嶺尋找下山的路，可能連二十四小時都撐不過。不消說，若她有任何潛在的心肺疾病或糖尿病，存活時間將相對減少。

# 22

## 脫水該怎麼治療？

問——脫水的急救方式為何？在我的故事中，森林巡守員發現一名嚴重脫水、虛弱無力的登山客。請問他該怎麼做才能讓這名年輕男子脫離險境？滴水在他的雙唇之間，然後把他送到醫院？接下來呢？注射葡萄糖點滴嗎？

答——沒錯。以任何安全的方式給予水分。起初要讓患者啜飲或者把水滴進唇間，取決於他當下的狀況和意識程度而定。至於其他治療，則視有無熱衰竭或中暑。

倘若環境涼爽或寒冷，譬如在山上或雪地，需要用毛毯、毛巾或毛衣包裹患者，因為在這種情況下，脫水通常會導致體溫下降。一般來說，這類脫水的患者身體摸起來涼涼的，而且臉色蒼白。若嚴重脫水，血壓就會降低，脈搏虛弱，還有可能意識模糊、定向力喪失。給予流質液體（最好是溫熱的）以及取暖，是主要的第一線治療。

根據你的情節，那名登山客比較有可能熱衰竭和中暑，因為環境溫度很高。兩者的情況類似，皆為脫水和核心體溫升高所致，但後者較為嚴重。常見發生在跑者、橄欖球員、建築工人、軍事人員，以及在炎熱氣候底下活動的人身上，好比你筆下的登山客。在這種情況下，一般都會汗流浹背，因此脫水可能迅速發生。

「熱傷害」（heat injury）泛指任何嚴重脫水和體溫升高的人。熱傷害初期（也就是熱衰竭〔heat prostration〕），人體會流汗，但隨著熱傷害持續加重以及核心體溫上升，人體會停止流汗，接著自然散熱的機制喪失（中暑），導致病情雪上加霜。這是因為人體內建的自我保護機制，將僅剩的血量分流至心臟和大腦等的重要器官，遠離皮膚。然而，流經皮膚的血液正是身體的冷卻器，可降低上升的體溫。人體以不利於己的方式運作，導致核心體溫驟升，甚至來到華氏一百零五至一百零八度（約攝氏四十·五度至四十二·二度）。因此，中暑的人可能滿臉通紅，而且通常摸起來暖和而乾燥。若未迅速積極地治療，中暑死亡的機率頗高。

無論是熱衰竭或中暑，治療上首要是降低體溫，以及補充流失的液體。這些動作刻不容緩，將患者送往醫院同樣不得拖延。用沾水的海綿或任何冰涼液體冷卻患者，然後以毛巾、衣服或方便取得的東西搧風。降低核心體溫對於緩解脫水情況，就跟提供流質一樣重要。事實上，當中暑患者進到醫院急診室，醫護人員往往會讓他們進行冰浴，以迅速降低核心體溫。大腦無法承受中暑產生的高溫，很快就會造成不可逆的損傷。

若患者陷入昏迷、產生幻覺、神智不清或抗拒治療，那問題就大了。試圖餵昏迷的人或不願配合的人喝水，可能導致水吸入肺部而造成傷害。脫水和肺部進水，究竟哪一種風險比較大，就見仁見智了。

你筆下的巡守員應該有水壺或其他裝水的容器。他可以拿水給登山客啜飲，並在他的臉上和胸前灑點水，然後用衣服或其他物品替他搧風。先把登山客移到附近的樹蔭下，再想任何可行的方式將他運回文明世界。他可以請求直升機救援，也可以製作擔架將登山客拖下山。無論如何，他必須持續替登山客補水與降溫，直到存水用盡。

醫院會為患者施打靜脈輸注液，通常是D5W，也就是百分之五的葡萄糖水溶液，或者D5 1/2 NS（〔Normal Saline〕生理食鹽水），也就是百分之五的葡萄糖加只有血液一半鹽分（氯化鈉）的鹽水。

其他像是鉀和鎂等電解質，則視血液檢驗的結果，適量加入點滴中。由於脫水和中暑可能對腎臟造成傷害，腎功能檢查也是重要環節。

## 23

### 一個人死於暴露（exposure）是怎麼回事？

問——暴露而死是什麼意思？我不是指凍死，我要問的是暴露。

答——「暴露」的定義很廣泛，包括凍死、中暑而死、餓死和渴死。簡言之，若身處荒郊野外的受害者並非死於外傷或疾病，那麼死因一定是暴露。可能是沒有食物、水或遮避處。因此，針對你的提問，與冷熱無關的話，那麼大概可以歸咎於缺乏糧食和水。

## 24

### 一個人在冷凍櫃裡能活多久？

問——在我故事中，受害者被丟進商業用冷凍櫃裡，請問這個可憐蟲多久後會死亡？

答——所需時間長短牽涉到許多因素，無法給出切確答案。影響生存的因素有：

受害者的體型和體重：這種時候，高體脂是件好事。脂肪有隔絕熱損失的作用，也是身體產生熱能的來源。

年齡：兒童和老年人的耐寒力不佳，相對的風險也比較大。

受害者患有的疾病：心血管疾病、糖尿病或貧血，很可能加速受害者死亡。

食物和飲料的攝取量：最後一餐的時間和內容也有影響，高碳水化合物的餐食或許有所幫助。受害者若攝取足夠水分，會比脫水時撐得更久。飲用酒精絕對會加速體熱散失，加快死亡的腳步。

藥物或毒品：除了酒精之外，某些藥物也會加速體熱散失。像是利尿劑會造成脫水，降血壓藥會使血管擴張，從而增加體熱散失。

衣物：雪衣的保暖效果勝過棉質夏威夷襯衫。

冷凍櫃溫度：祈禱機具有缺陷吧！如果只是存放蔬菜的「冷藏室」，環境溫度將高於冰點；若是儲存肉類或冷凍食品的冷凍櫃，溫度將遠低於冰點，可能比華氏零度（約攝氏負十七・七度）更低。此外，冷凍櫃裡的循環風扇絕對會縮短受害者的存活時間，也就是所謂的風寒效應（wind chill）＊。

現場是否有禦寒材料：冷凍櫃內任何可以充當外套或搭建「冰屋」的布料、帆布或覆蓋物都能派上用場。皆有助於維持體熱。

你可以依照情節需要，利用這些因素延長或縮短受害者的生還時間。大抵而言，兩小時太短，四十八小時綽綽有餘。我建議，如果受害者是普通人，而且沒有穿得像要去南極，把他留在冷凍櫃裡過夜，大概也就差不多了。

＊寒風效應是指在相同的溫度下，風速帶給我們不同的寒冷感覺。

很多人在暴風雪或冬季深山裡失蹤數天仍奇蹟生還，也有人連半天都撐不過。你的受害者究竟是哪種人，就看你想怎麼安排。

## 25

### 喝酒可以避免凍死嗎？

問——假設有個人在夜晚掉進結冰的湖裡。他無法自行脫困，不過口袋裡有瓶白蘭地，於是整晚持續啜飲，翌日清晨活著獲救。請問酒精能幫助他活下來嗎？酒精有沒有防凍效果？有醫學根據嗎？

答——抱歉，你筆下人物在劫難逃，而且他採取的行動只會加速死亡。且聽我解釋。

皮膚是人體的散熱器。天氣炎熱時，皮膚裡的微血管擴張，流經皮膚的血量增加，將熱氣散至空氣中。這就是人覺得熱時臉色發紅的原因。汗水蒸發的過程中，由於液體變成氣體（蒸發）需要能量，便從體熱汲取，熱也因而流失。讓熱衰竭或中暑的人泡在水裡，並用毛巾或其他東西搧風，都是為了促進蒸發，讓患者過熱的身體降溫。

氣候寒冷時則完全相反，身體會試圖留住熱能。血液從皮膚被導向其他地方，確保從「散熱器」流失的熱能愈少愈好。這就是人感到冷時看起來比較蒼白的原因。暴露在嚴寒之中，保護自己不凍僵的最好辦法，就是將身體蓋住，避開冷風（流動的空氣會帶走更多熱能），藉由搭蓋冰屋或某種地洞創造較暖和的空氣。將體熱困在「繭」中，散失的熱能就相對減少。但不能泡在水裡。水流或受害者在水裡的動作所產生的效果類似冷風，將大幅增加熱能散失。二戰期間，在北大西洋上空被擊落的飛行員，生還人數屈指可數。

現在來談談白蘭地。

有些人喝酒後臉會發紅，這是因為酒精擴張皮膚裡的血管，增加血流量，進而散失熱能。雖然喝紅酒比較明顯，不過只要是酒精都有相同效果。在寒冷的環境喝酒取暖是下下策。因此，酒精會加速熱流失，使人凍死。

酒精在人體血流裡沒有防凍作用。

根據你的情節，那名男子僅頸部以上露出寒冷的水面，而且大概會不斷揮動手腳避免滅頂。冰冷的水會迅速消耗體熱，短短十到二十分鐘，甚至不到，他的身體就會失溫（〔hypothermia〕體溫過低）。若他不斷啜飲白蘭地或跌進湖裡之前已經喝醉，時間會大幅縮短。失溫症狀包括疲勞、虛弱、精神萎靡，以及意識模糊。他將漸漸失去力氣，肢體變得不協調，不再能掙扎求生，最終溺斃。

你或許記得一則振奮人心的新聞，一名年輕女子從結冰的波多馬克河（Potomac River）獲救。當救難人員丟給她一條繩索，她連抓住的力氣都沒有，甚至沉入水底。幸好，一名英勇男子跳進水裡將她救起。除非你筆下人物也能遇到這樣的英雄，否則他將失溫，而後溺斃。

這個人有可能生還嗎？機會不大。但急診室有句老話：「酒鬼殺不死。」這就是為什麼酒醉駕車肇事，死的總是被撞的家庭，酒鬼從來不會有事。人生有時沒什麼道理。

## 26

## 倘若森林大火在隧道兩頭延燒，隧道裡的人有可能倖存嗎？

問——這個問題聽起來可能很怪，但有個人被困在山坡隧道內，兩頭都是肆虐的森林大火，請問他有機會活下來嗎？還是會被燒死？

答——生還機會取決於隧道的長度和大小，前後火勢是否同樣猛烈，以及是否有遠離大火的通風口能取得新鮮空氣等多種因素。受困者面對的兩大危險是被高溫燒死，以及大火消耗氧氣導致窒息而死。如果受害者有潛在心肺疾病，存活的時間就更短了。

隧道愈大，可供呼吸的空氣愈多，而且有助於遠離火勢。假如隧道兩頭皆有熊熊烈焰，隧道內的氧氣會迅速耗盡，除非有新鮮的空氣來源，否則他將窒息而死。新鮮空氣來源可以是天然的，或透過某種呼吸裝置。若只有一頭起火燃燒，或隧道內有遠離烈焰的空氣通道，這些新鮮空氣將提高他的生還機率，同時也可能提供了一條逃生路線。

在大火夾攻的短隧道裡，受害者很容易窒息並燒死。

森林消防員若是被大火包圍，會躲在防火毯下使用氧氣瓶呼吸，以爭取足夠的時間等待火勢過去。你筆下的人物不妨依樣畫葫蘆。若隧道夠長，能將他與火勢隔絕，而且有新鮮空氣來源，他有可能撐到火勢遠離。否則，他一點機會也沒有。

# 27

## 一個人被雷擊會怎麼樣？

問——有個人被閃電擊中，但大難不死。請問他會受到哪些外傷？又有哪些長期後遺症？

答——雷擊分為四種類型。

- 直接雷擊（direct strike）：閃電不偏不倚地正中受害者。這是最嚴重的一種，在受害者拿著高爾夫球桿或雨傘之類的金屬物體時較容易發生。
- 閃絡（flashover）：閃電在人體外部流竄。如果受害者穿著溼衣物或滿身大汗，較有可能發生閃絡。

- 旁側閃絡（side flash）：附近的建築、樹木或另一個人被擊中後「放電」過來，殃及受害者。
- 跨步電位（stride potential）：閃電擊中受害者附近的地面，受害者其中一腳比另一腳更靠近雷擊位置，引發兩腳之間的電位差。在這種情況下，電流從一腳進入，通過人體，再從另一腳離開。

圖6

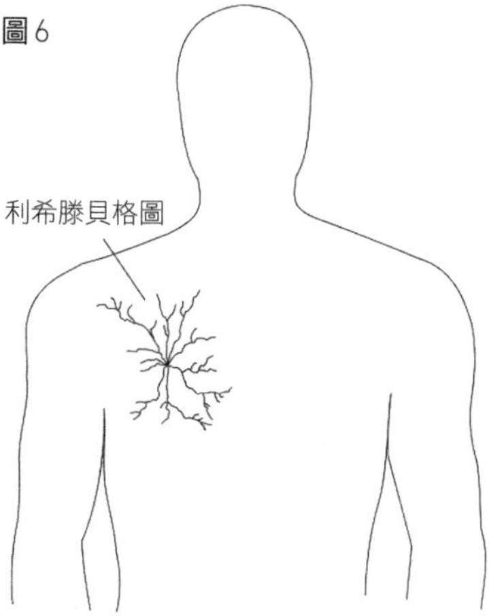


閃電是直流電，電壓非常高，從三百萬伏特至兩億伏特皆有可能，電流範圍則是介於兩千至三千安培，相當驚人。幸好，電流通過的時間極為短暫，僅介於一至一百毫秒（毫秒為千分之一秒）。

雷擊造成的外傷主要來自巨大電流，以及人體將電能轉換為熱能。電擊可能導致心跳停止，或致命的心律不整。熱能會燒焦皮膚和衣物，甚至把口袋裡的金屬物品、襯衫鈕扣、皮帶扣環，以及牙齒填料都燒到變形或融化。

人體所有組織都可能受損。皮膚可能灼傷，甚至看得出閃電進出的傷口；心肌組織可能受創，留下痕跡；肝臟、腎臟、骨髓與肌肉可能永久性損傷；腦部和脊髓也可能受損，常見的還有手腳持續無力的狀況。後遺症則可能包含記憶喪失和精神障礙。

儘管罕見，但雷擊有個特徵是出現在人體上的「利希滕貝格圖」（Lichtenberg Figures，圖6），由德國物理學家格奧爾格．克里斯托夫．利希滕貝格（Georg Christoph Lichtenberg）於一七七七年首度談及這種現象。

這是一種無痛、貌似「蕨類」或「樹枝」的紅色圖形，分布在背部、肩膀、臀部或腿部，通常會在兩天內漸漸消退，不留任何疤痕或異常膚色。罕見而迷人。

治療上取決於傷勢輕重。首要工作是恢復呼吸、心跳，假使其中之一或兩者皆停止的話。接著施打類固醇以減輕身體器官腫脹和發炎。燒傷則按照正規的處理方式清潔與包紮。另外將進行血液檢驗，評估肝臟、腎臟和肌肉的受損程度。肌肉受到雷擊傷害時，細胞可能死亡或破裂，並將細胞內的肌紅蛋白和其他蛋白質釋放到血液裡。而當腎臟試圖將之從血液濾除時，可能遭到嚴重破壞。必須以大量靜脈輸液「沖洗」腎臟，避免腎臟衰竭。

有些雷擊受害者會徹底痊癒，沒有任何後遺症，有些則可能留下永久性的肝臟、腎臟、心臟、精神或神經傷害。復原程度主要取決於運氣，以及迅速有效的治療。

# 28 受困海上的人可以飲用自己的尿液求生嗎？

問——如果有人受困於沙漠或在海上漂流，可以靠著喝自己的尿液活下去嗎？這麼做危險嗎？會不會中毒？還是沒問題？

答——這麼說吧，聊勝於無。

是的，這麼做有助生存。尿液說穿了就是水，不過參雜著腎臟從血液濾除的雜質。在你描述的情境中，脫水是最大的危險，所以任何水分皆有助益。然而，尿液中雜質的濃度會隨著脫水惡化而增加，因此尿液很快就會淪為毒素供應源，而不是水分補給，喝了反而適得其反。

在現實情況中，等到受困者考慮喝自己的尿時，通常已經嚴重脫水了，他的尿液雜質濃度極高，喝下去幾乎毫無助益。

# 29

## 醫生、醫院以及醫護人員
## Doctors, Hospitals, And Paramedical Personnel

### 醫生如何處理急診和腦震盪？

問——我想知道急診醫生最先問的問題有哪些？尤其當他懷疑患者可能有腦震盪或更嚴重的頭部創傷時，他具體會問些什麼問題？

答——無論情況為何，急診醫生初步問診的問題幾乎大同小異。關鍵在於以最短的時間、最少的問題，盡可能問出最多訊息。現實中的急診室分秒必爭，醫生沒有多餘時間詢問患者完整病史。我總是教我的學生，在這種情況下，有三個問題可幫助他們取得絕大多數的必要資訊：

一、怎麼了／發生什麼事？

醫學上稱為「主訴」(chief complaint)。有七成機率能幫助醫生將診斷縮小至幾個選擇。主訴胸痛、噁心或頭痛，將引導醫生往不同的方向思考。

二、你過去曾住院或就醫嗎？有的話，是什麼原因？

醫學上稱為「過往病史」(past medical history)。患者的回答能讓醫生了解此人曾有過哪些健康問題，做為他評估當前問題的背景資料。許多患者當下的疾病或外傷大多與他的舊疾有關，可能根本沒有痊癒。例如心臟病和糖尿病，因為這類疾病不會康復，往往只是好轉而已。

三、你有服用任何藥物，或者對任何東西過敏嗎？

這能讓醫生了解患者的健康狀況，好比高血壓、糖尿病、心臟疾病、肝炎等，以及正在接受哪些治療或控制。此外，這些資訊也能幫助醫生避免藥物交互作用，或使用患者會過敏的藥物。

以上是急診醫生會詢問患者的一般問題。倘若患者失去意識，這些資訊大概只能從親屬、友人、認識患者的醫生，或是醫療紀錄中取得。有時醫療警示手環也能幫上忙。

取得這些基本資料後，醫生會針對主要創傷提出問題。以你故事中頭部受創的患者而言，下列問題必不可少：

- 你的頭會不會痛？局部還是全部？
- 視力模糊或覺得異常？
- 暈眩或平衡感變差？
- 噁心或想吐？
- 頸部痠痛或僵硬？
- 覺得無力？全身無力，還是只有某一邊，手臂還是腳？
- 眼睛畏光？
- 有沒有哪些症狀會因為換姿勢或移動而更不舒服？

接著，醫院會為患者進行完整的身體和神經系統檢查。根據問診和檢查結果，決定後續的化驗、X光片和其他測試。

# 30

## X光片可以複製嗎？

問——X光片可以複印嗎？或用別的方式製作副本？

答——可以。X光片可以用特殊設計的影印機複製。大多數醫院的放射科都能製作副本，而且只需要幾分鐘。此外，現在許多醫院以數位格式拍攝並儲存影像，跟所有數位資料一樣，可以複製、輸出、更改、以電子郵件寄送等。

## 31

### 遇到重大自然災害時，醫院如何配給供血？

問——我有個怪問題。假設洛杉磯明天發生超級大地震，城市全毀。我想血庫應該很快就會耗盡。請問醫院會積極尋求捐血者嗎？在臨時搭建、類似陸軍流動外科醫院（Mobile Army Surgical Hospital, MASH）服務的醫生，是否會到街頭招攬健康的民眾捐血？他們能夠快速篩檢這些血液是否含愛滋病毒嗎？

答——每間醫院都有處理諸如地震等災害的緊急防災計畫。話雖如此，每當如你所描述的重大事件發生時，這些計畫可能負荷過高，而無以為繼。

類似陸軍流動外科醫院的野地醫院於是應運而生，庫存血液將迅速消耗。紅十字會和其他組織會用卡車運送血液，並召集自願捐血者。臨時實驗室將幫助地方醫院進行血型分析比對，以及愛滋病和肝炎篩檢。醫生會盡可能召集捐血者。是的，他們可能會利用「路邊的」民眾。到目前為止都合理。

然而肺炎和愛滋病篩檢無法迅速取得結果，至少需要幾小時到一兩天的時間。隨著傷患不斷地送來，這些考量會退居其次。除非你寧可流血而死，也不願冒著會感染肺炎或愛滋病極低的風險。

在某些時候，就連這些措施也不足以應急，醫生必須使用未經配對及檢驗的同型血液（type specific blood）拯救性命。同型血液就是和患者血型相同的血液，但未進行排斥性的完全交叉比對。確認血液是否為O型陰性只要幾分鐘時間，而且無須複雜儀器，但實際測試捐血者和受血者的血液相容性則複雜的多。此舉會增加不良反應發生的機率，不過在這種情況下，聊勝於無。

## 32

### 什麼是人造血？

問——我筆下的人物在非洲狩獵時，遭到鱷魚襲擊受到重傷。他的腿被鱷魚粗暴地撕咬，緊急送抵醫院之前，差點流血至死。

我讀過關於人造血的文章，想納入故事之中。請問什麼是人造血？買得到嗎？有什麼缺點？

答——人造血的研究已有數十年了，始於對於愛滋病和肝炎的擔憂，血液供給不穩定和儲存、運送的難度，以及戰地等偏遠地區的血液需求。

大致來說，人造血能從肺部攜帶氧氣至組織，並將二氧化碳帶回肺部的分子。休克或失血病患接受的靜脈輸液基本上是摻有電解質（鈉、鉀等）和糖的水，因此不具有休克時人體最迫切需要的攜氧能力；人造血就是為了滿足這個需求而設計。

然而，人造血並非「真正的」血液。它不含維生素、營養素、賀爾蒙、抗體、血小板，或任何凝血所需的蛋白質。若是不慎或過量，稀釋血液中不可或缺的凝血因子，將導致失血狀況惡化，造成反效果。因此，人造血通常被當作一種「過渡手段」，盡可能穩定患者傷勢，直到抵達像樣的醫療機構，接受決定性治療及真正的血液輸注。

人造血研發初期，重心是放在提取與改造血紅蛋白分子。血紅蛋白是紅血球細胞內的分子，它能結合、攜帶並釋放氧氣與二氧化碳，但紅血球細胞一定要完整儲存並冷藏。倘若研發成功，便無須提供完整的紅血球細胞，也能供應血紅蛋白分子。不幸的是，血紅蛋白分子從紅血球細胞分離出來後毒性極強，導致死亡率攀升。《美國醫學會雜誌》（*Journal of the American Medical Association*）一九九九年十一月十七日號的一篇報告指出，這個名為HemAssist（雙阿司匹林分子內交聯血紅蛋白，百特醫療〔Baxter Healthcare〕）的產品，使用在外傷病患身上，造成的死亡率達百分之四十六，相較之下，接受一般靜脈輸液的死亡率僅百分之十七。於是一切成果歸零。

同期還有許多產品處於研發與測試階段。其中一個前景看好的產品叫做Hemopure，由麻州劍橋的Biopure Corporation生產。已在南非獲准使用，不過尚未在美國流通。Hemopure以萃取自牛血的血紅蛋白為基礎。不同於全血（whole blood），它不需要冷藏，而且有兩年的保存期（妥善冷藏的血液為四十二天）。Hemopure的使用方法很簡單，透過靜脈輸注的方式，慢慢滴入體內即可。

在你的故事中，狩獵隊伍的隨行醫療人員手邊有Hemopure完全合理，或者你可以虛構類似的產品。畢竟這是小說，只要「人造血」有部分事實基礎，且確實存在，你大可隨心所欲地編造產品名稱。將受害者從鱷魚嘴裡拖出來後，以局部加壓和止血帶控制失血，接著施打靜脈輸液（或許可選用D5LR，百分之五葡萄糖乳酸林格氏液）以及兩瓶Hemopure（或你編造的品名），然後緊急送醫。到醫院後，他會接受真正的血液輸注，並接受手術修復傷口。人造血將是幫助他存活下來的「過渡手段」。

## 33

### 什麼是違規增血（blood doping），要怎麼進行？

問——我正在寫一個故事，有名年輕的田徑明星企圖透過「違規增血」在即將到來的比賽中，取得不當優勢。請問違規增血要怎麼做？有任何併發症嗎？

答——運動表現和耐力取決於身體供應氧氣與營養素給運作中肌肉，以及移除肌肉運作產生有毒副產品的能力。這需要一個具特殊條件的心血管系統，確保肝臟與肌肉有充分的肝糖（glycogen）和其他能量來源，以及富含血紅蛋白的血液，血紅蛋白就是紅血球細胞內把氧氣從肺部運送到肌肉的分子。血液裡的血紅蛋白愈多，輸送的氧氣就愈多。

增加紅血球細胞和血紅蛋白的「自然」方法，是在高海拔地區居住或訓練，稀薄的空氣會刺激骨髓製造更多紅血球細胞。比起住在平地的人，丹佛（海拔一六一〇公尺）居民血液中的紅血球細胞和血紅蛋白濃度通常比較高。運動員若移至山區進行訓練，幾週後就能看見成效。

違規增血是用「人為」方法達到同樣效果。基本上是抽出血液，分離並儲存紅血球細胞，然後把血漿重新輸入體內。經過三至四週，身體重新補足被移除的紅血球細胞之後，再把先前儲存的紅血球細胞注入體內。如此能立刻增加血液內的紅血球細胞（與血紅蛋白）濃度，進而增強輸氧能力，提高運動性能。馬拉松選手、自行車手，還有其他需要耐力的運動員，可利用這種方式獲得不當優勢。

若過程處理得當，很少出現併發症。輸血的各種不良反應不會發生，因為他輸的是自己的血液。不過要是血液未經妥善處理，會引發許多問題。血液儲存不當或違反無菌操作，使細菌在儲血裡滋生，將導致敗血症（〔septicemia〕血液感染），嚴重時可能致命。如果血液結凍或被攪動，皆有可能損壞、甚至破壞紅血球細胞，然後在給血時造成腎臟損傷。

有些運動員想抄捷徑，拿別人的血液進行違規增血，省去抽血的步驟以及三週重建自己體內血液細胞數量的時間。不過此舉有輸血不良反應之虞，即使血液經過充分交叉比對，仍有可能發生。一九八四年奧運期間，美國自行車隊在賽前一週左右進行違規增血。愚蠢的是，他們沒有時間「正確地」違規增血，顯然是使用親友提供的「同型血液」。同型血液是指相同類型（如O型陰性）但未進行相容性「比對」的血液。這大幅提高了不良反應的機率，更別說還有感染肝炎或愛滋病的風險。

醫生只會在最緊急的醫療情況下使用同型血液。因為患者失血過多有死亡之虞，沒時間進行完整交叉比對。醫生受情勢所逼，先採取必要手段，之後再面對後果。自行車賽完全不夠格。可笑、危險和愚蠢是我對該事件的觀感。

當然，你故事中的運動員和他的教練團，也許就是如此。

另有一款藥物，重組促紅血球生成素（recombinant erythropoietin）能強化這類性能。促紅血球生成素在人體內自然生成，刺激紅血球細胞生成，但也可以透過DNA重組技術製造，注入體內，人為提高紅血球細胞的數量。在醫療上，重組促紅血球生成素用於治療慢性腎衰竭，因為患者普遍有貧血的問題，而且不容易治療。

無論採取何種手段違規增血，都可能出現血液「增稠」的問題。血液裡含愈多紅血球細胞就愈黏稠。事實上，有許多疾病會使紅血球細胞濃度飆高至患者必須「放血」的程度，真性紅血球過多症（polycythemia rubra vera）就是一例。放血現今稱做靜脈切開術（phlebotomy）。沒錯，文藝復興時代的醫術仍遺留至今。若血液變得太「濃」，就會淤積在微血管內，導致中風、心臟病、腎臟受損，甚至手指切除。運動員運動後會脫水，如果血液經過人為增稠，也可能招致同樣的後果。

你筆下的運動員或許在違規增血過程中出了差錯，而產生輸血不良反應，導致腎臟受損或血液感染；或者他也可以順利完成違規增血，卻在比賽時心臟病發而死。又或者他作弊成功，而且贏得比賽。

## 34

### 捐血的基本程序是什麼？

問——距離我上一次捐血已經好幾年。請問抽血的基本程序是什麼？捐血前會被問哪些問題？

答——請參考我之前說明醫生在緊急情況下會詢問的基本醫療問題。這些問題對捐血者也很重要，因為罹患某些疾病和使用特定藥物的人不得捐血。其他問題則是用來判斷捐血者有沒有諸如肝炎或愛滋病等傳染性疾病。

捐血的程序很簡單。將大口徑針頭（14G或16G）*戳進輕微施壓的肘窩（antecubital fossa）內側靜脈，然後將血液抽進瓶子或塑膠盛裝袋。接著移除針頭，貼上繃帶。需留意捐血者是否感到暈眩或有昏倒的可能。有些人會出現迷走神經症候群（vaso-vagal syndrome），像是看到血時暈倒。這是來自大腦的訊號大量湧出，刺激迷走神經所致。迷走神經從腦幹向下蔓延至全身各處，影響心臟、肺臟、血管和大部分胃腸道，涉及血壓、心率和其他多種身體功能的調節。當它受到刺激時，血管擴張，心率和血壓驟降，就會感到暈眩，然後失去意識。

此外，短時間內從身體抽出一品脫（約四百七十三毫升）的血會降低血容積（blood volume），也可能導致起身後暈眩。這就是為什麼會給捐血者柳橙汁或其他流質，並且必須觀察半小時左右，好讓身體血容積恢復平衡。而在接下來的幾個星期，捐血者的骨髓會加速造血，替補捐出去的血液，如此生生不息。每次捐血應間隔兩個月以上，以免引發缺鐵和貧血。

*譯註：G代表Gauge，是針頭的單位，數字愈大口徑愈大。

## 35

## 急診室人員接到詢問關於「無名氏」時，會透露哪些資訊？

問——我筆下的人物因為丈夫失蹤而打電話到醫院詢問，對方告訴她有個無名氏符合描述，於是她立刻趕往醫院查看。

我的問題是：院方真的會在電話上告知有個男子符合她的描述嗎？她需要透過一套程序才能和那個人見面談話，還是可以直接去看他？

答——我假設那名男子一定是受了傷，或無意識，或失憶或心智混亂，否則他應該能告知院方自己的身分，並准許院方通知他的妻子。像這樣的情況，警察可能會在場，尤其是涉及外傷。

護理長或急診室醫生很可能告訴來電者，急診室內有位無名氏，但不會透露太多細節。因為無論如何都不能侵犯病人隱私。不過，由於急診室人員，或許還包括警察，都不知道這個人是誰，一定會想查明患者身分，因此對任何能夠辨認他的人都求之不得。他們很可能請她到急診室走一趟。

當她抵達後，護理師或醫生可能會讓她見患者。記住，醫生有照顧這個人的責任，所以會盡可能掌握所有資訊。若有家人或朋友能辨識患者身分將是一大幫助。確認身分後，醫生就能詢問患者既往病史、過敏史、目前使用的藥物等，也就是任何照顧患者所需的資訊。

## 36

### 高級救護技術員能不能藉由測量肝臟溫度，判斷事故傷患是否還有生命跡象？

問——我曾經讀過高級救護技術員使用某種設備進行「肝臟檢測」，判斷事故傷患是否還活著。這是什麼樣的檢測？

答——高級救護技術員以生命徵象（血壓、脈搏、呼吸、意識）判斷一個人是死、是活，或介於之間。若這些徵象都不存在，他們會進行心肺復甦術，待患者有意識後再問問題。你提到的「肝臟檢測」是由驗屍官或犯罪學家執行，目的是為了推斷死亡時間。他們使用的「裝置」是溫度計，將溫度計插入肝臟以確定「核心體溫」，再根據核心體溫換算死亡時間。據我所知，只有此一用途，絕對不會用在治療或評估傷患。

我想不到高級救護技術員會這麼做的任何原因，除非他想要傷患家屬對他提出人身侵犯的指控。醫生正式宣布死亡之前，傷患在法理上仍然活著，此舉將構成侵犯。倘若傷患活了下來，更肯定是侵犯。

高級救護技術員的職責是透過無線電通聯，在基地站護理師的指導下，協助治療、穩定病情，以及運送病人和傷患。而護理師則是聽從急診室醫生的指示。醫生絕不會准許這樣的事情發生，因為它和醫療照護完全無關，而是「驗屍官的工具」。

# 37

## 在醫院加護病房的槍擊受害者，可能發生什麼樣的緊急醫療情況？

**問**——我正在琢磨一幕場景，有個高級救護技術員打算把加護病房裡一名壞蛋的生命維持器拔掉。就在他下定決心動手時，那名壞蛋（對了，他是受到槍擊）突然陷入命危的緊急情況（心跳驟停？），而這名高級救護技術員出於本能，在其他醫護人員還來不及趕到病房之前，採取某種英勇的醫療行為，救了他的性命。可以請你就上述劇情，建議一套可行的方案嗎？像是哪一類危及性命的緊急狀況比較合理；具體來說，高級救護技術員該怎麼做，才能在其他人趕到病房前的十五秒左右，阻止悲劇發生？

**答**——心跳驟停是完美的選擇。突發、激烈，而且一個動作就能搶救。高級救護技術員或許站在病床邊天人交戰，突然病床上方的監測器顯示患者的心律發生變化。心室心搏過速（ventricular tachycardia）或心室顫動（ventricular fibrillation）皆可行。病房內以及外頭護理站的鈴聲大作，負責觀察監測器的護理人員看到這種情況，知道必須緊急介入，於是透過醫院廣播系統立刻發布Code Blue＊。「Code Blue，ＩＣＵ三號床！Code Blue，ＩＣＵ三號床！」

Code Blue團隊通常包括加護病房護理師和（或）急診室護理師、急診室醫生或任何值班醫生、呼吸技術員，以及其他輔助人員。他們推著「急救車」奔向加護病房，急救車有搶救性命所需的一切藥物、靜脈輸液和便攜式去顫器等。

同時，高級救護技術員可以採取行動。病床邊應該備有便攜式去顫器。他只要拿起電擊板，放在病患胸前，然後執行電擊。單一次電擊便能立即讓心律恢復正常，因此當護理師和其他人趕到時，危機已經解除。當然，醫生會接著檢查病患，取得心電圖，指示要做哪些化驗，試圖釐清緊急狀況發生的原因。

另一個方案是讓走廊彼端的病房，或另一間加護病房也發生Code Blue。也許當那名患者心跳停止且鈴聲響起時，一名年輕且經驗不足的護理師或護佐跑進房裡說Code Blue團隊分身乏術。於是他要求她協助（如果你覺得合適的話，這個安排可替故事增加一些

＊譯註：美國醫院的緊急代碼，通常指有危及性命、需要緊急搶救的成人病患。台灣的醫院使用的代碼不同，且以各家醫院自行制定為主。

互動及對話的機會），或者他請她到另一間Code Blue病房，找一位加護病房護理師來幫忙。在她跑出病房找幫手後，他意識到他必須立刻採取行動，再等下去患者必死無疑。

這是可信且真實的狀況。我記得擔任實習醫生時，曾有個瘋狂的夜晚，我們這層樓同時發布了三個Code Blue。用人手不足來形容，還嫌太過輕描淡寫。

# 38

## 心理學家和精神科醫生的差別是什麼？

問——精神科醫生和心理學家所受的訓練與專業能力有什麼差異（如果有的話）？他們都能從事心理治療與開立藥物嗎？

答——臨床心理學家可能是碩士，也可能是博士。他們都不具有醫學博士的文憑。他們可以進行輔導、諮商，以及提供各類心理治療，但不能開立藥物或監督醫學治療。

精神科醫生是醫學博士。他們念醫學院，完成住院醫生實習，或許還參與精神病學研究計畫。除了臨床心理學家提供的服務之外，他們可以開立藥物，在醫院收治病患，並從事所有和專業有關的醫療介入。

兩者都能有效幫助有精神問題的患者，因為這通常取決於同情、理解和直覺判斷，而非受專業訓練的程度。

## 39

### 一名資深的突擊隊員具備哪些專業的醫療知識？

問——我的筆下有個角色曾經是以色列特種部隊突擊隊員，而且參與過專業醫療課程。儘管沒受過正式訓練，但他在戰區負責治療傷患。他的戰略技能使他在策畫和執行大膽的突擊和救援行動方面，很快就打響國際名號。雖然他的醫療技術在故事裡鮮少派上用場，不過有需要時，我希望能描繪得精確。他的技術似乎介於童軍或紅十字會急救技巧和真正的醫生之間。現實上，這個人的醫療能力有哪些局限？

答——他的醫療技術可以任你決定。

他最起碼會是一名訓練有素的救護技術員。他會心肺復甦術，知道如何處理許多類型的緊急狀況。既然擔任戰鬥醫務員，他應該能對各種戰傷進行初步治療，如槍傷、彈片、刀子、爆裂物等造成的傷口。他擅於控制失血、保持氣道通順、穩定骨折，以及縫合多數的皮膚撕裂傷。「處變不驚」是他的最大優勢，面對任何嚴重創傷或緊急情況時，首先就是要避免恐慌，並且運用判斷力。專業醫生也是如此。他這方面的能力應該綽綽有餘。

只要不進行複雜的手術與治療，你想讓他做什麼應該都沒問題。

# 40

## 消防員有辦法估算出受害者受困密閉空間的存活時間嗎？

問——一名業餘魔術師把自己困在家中地下室一處狹小空間裡，他向妻子保證不用任何協助就能脫逃。當然啦，她最後得撥打一一九，請救難人員幫他脫困。我的問題是：消防員抵達現場後，如何估算他在密閉空間裡還剩下多少氧氣？他們是否有慣用的換算方式，好比根據空間內容積、受困者身高體重之類的？如果他患有糖尿病，而且忘了他的胰島素，對情況會造成什麼影響？

答——估計？也許。計算？不可能。牽涉的因素太廣。讓我來解釋一下。

先從生理學說起。簡單來說，肺部吸進空氣，將空氣中的氧氣送進血液中，並從血液中排出二氧化碳，然後將空氣吐出體外。這個「簡單的」過程非常複雜，必須有好的空氣、運作良好的肺、運作良好的循環系統、充足的紅血球，以及大量化學反應。而能夠干擾這個過程的疾病無可計數。雖然在你設想的情境裡，受困者的身體健康且肺功能正常，但不幸的是，那並不能夠幫助簡化「計算」。讓我們來看看像這樣的計算有多複雜。

以下計算的單位皆為公制。一公尺等於一百公分。立方公分是體積的單位。一立方公分的體積，代表長寬高皆為一公分。

平地空氣含有百分之二十一的氧氣。

長寬高皆為三公尺的密閉空間，含有二十七立方公尺（或兩千七百萬立方公分）的空氣，其中約五・六七立方公尺（五百六十七萬立方公分）為氧氣。

一次正常呼吸約需五百立方公分。然而，每次呼吸約有三成空氣不會進到肺泡（氣囊），因而沒有參與氣體交換（氧氣從肺部通往血液的過程）。這些空氣進到支氣管，支氣管又稱為「解剖無效腔」（〔anatomic dead space〕即無法進行氣體交換的呼吸道）。因此，每次呼吸大概有七成的空氣「可用」。人在靜止狀態時，每分鐘約呼吸十六次，每次約五百立方公分：

總進氣量＝五〇〇×一六＝八〇〇〇（立方公分）

「可用」空氣攝入＝八〇〇〇×七〇％＝五六〇〇（立方公分）

氧氣攝入量＝五六〇〇×二一％＝一一七六（立方公分）

因此，一個處於靜止狀態的人，每分鐘約吸入約一千一百七十六立方公分的氧氣。

代表房間裡的氧氣能維持(五百七十六萬除以一千一百七十六)四千八百二十一分鐘,約八十小時。

在密閉箱子裡存活八十小時,聽起來還滿久的,不是嗎?確實。這些計算是假設受困者能夠使用房間內每一立方公分的氧氣。並非如此。每次呼吸時,空氣中氧氣的百分比就下降,二氧化碳濃度上升。等到氧氣濃度降至百分之十五左右,受困者便凶多吉少。這意謂著,他僅有約百分之六(二十一減十五)的氧氣含量能幫助生還,而且隨著持續攀升的二氧化碳濃度將更形困窘。

除此之外,體型愈大的人需要愈多的氧氣,而且任何活動,甚至站立或走動,都會增加氧氣使用量,導致計算變得極端複雜。目前只考慮了基本生理要素,其他還有許多錯綜複雜到難以解釋的環節。因此即使可以計算,也不容易,而且不可能由前來救援受困者的消防員來做。如你所見,這是一個很好的數學和生理學習題,但無法真正回答你的問題。

消防員抵達現場時,面對的是分秒必爭的緊急情況。與其利用複雜的數學計算還剩多少時間,不如利用徵兆和症狀,判斷受困者是否已陷入危險,然後推測他們必須多快搶救。

這裡所說的危險是缺氧(〔hypoxia〕血液含氧量低)。缺氧的徵兆和症狀類似於酒精中毒。症狀可能包括疲勞、精神萎靡、暈眩、頭痛、昏沉、視力模糊、妄想、產生幻覺、睡著、昏迷及死亡。徵兆則有專注力缺失、協調性不佳、反應時間變慢、平衡感不佳、呼吸急促、無力，最後虛脫。隨著故事裡魔術師消耗愈來愈多的氧氣，缺氧情況惡化，上述徵兆和症狀可能以任何組合形式，朝任意方向發展。這應該足夠你建構理想的場景。

消防員將對受困者進行評估，判斷他缺氧的程度。相較於陷入昏迷、幾乎沒有呼吸，受困者若是頭昏眼花、頭腦不清，代表他們還有時間進行救援。他們首先會嘗試突破密室，但我猜在你設定的情境裡，此舉大概不太容易。不過他們會試圖鑽鑿孔洞，以便輸送氧氣爭取更多的時間。

受困者患有糖尿病將使情況更加複雜，但前提是他是第一型糖尿病患者。依賴胰島素的糖尿病患者本身製造的胰島素非常少，必須藉由注射胰島素來維持生命。少打一劑可能造成血糖飆升，引發糖尿病酮酸血症（diabetic ketoacidosis, DKA）、昏迷及死亡。

血糖升高和糖尿病酮酸血症發作前的症狀有疲勞、呼吸急促、噁心、精神萎靡、困倦、混亂，最終昏迷、死亡。他可能會變得不可理喻、妄想，或許還會好鬥和發怒，甚至產生幻覺。糖尿病酮酸血症和缺氧的症狀極為類似。許多糖尿病患者開車不穩，被以酒駕罪名遭逮捕，因為未能通過現場實地酒測，事後證明其實是糖尿病所致。

缺氧和血糖升高具有加乘效果，使得症狀迅速惡化，危險程度也跟著提高。這對消防員來說是相當大的壓力，就像拆解滴答作響的定時炸彈。他們現在不僅要給予受困者氧氣與胰島素，而且搶救時間更短了。

或許，消防員會在牆上打洞並提供氧氣，可是等到洞打完了，他的糖尿病症狀嚴重惡化，無法聽從指示或替自己施打胰島素，而敲開的孔洞又不足以讓人進到密室幫助他，倘若再有個東西阻止他們將開口鑿得更大，譬如瓦斯管線？電力管線？鋼梁？牆壁坍塌？就是個一波三折的好故事了。

## 藥物和毒品
## Medications and Drugs

# 41

### 毒品如何改變使用者的瞳孔大小？

問——我曾讀過不同毒品以不同方式改變瞳孔的大小。請問大麻、speed、海洛因和其他常見毒品對瞳孔的影響是什麼？

答——瞳孔非常敏感（圖7），會迅速回應各種外部與內部刺激。進到漆黑房間，瞳孔會放大，以收集更多光線。走向陽光，瞳孔立即收縮，保護精細的視網膜免受光線傷害。有時候這個反應會「受騙」。我們都知道直視日蝕的危險性，然而被月亮擋住的太陽「欺騙」眼睛，讓它以為太陽比平時暗。日全蝕前後，從日冕與太陽邊緣溢散出的光線比看起來更強，直視可能導致視網膜受損。

此外，透過神經和化學作用聯繫，瞳孔與自律神經系統緊密相連。自律神經系統分成交感神經（逃跑或戰鬥）與副交感神經（進食或睡眠）兩個子系統。兩者保持相互平衡。在興奮激動或危及生命的情況下，交感神經取得控制權，使得心律和血壓上升、呼吸急促、體溫飆升，而且瞳孔放大。這是由於腎上腺素大量釋放，讓身體準備好進行戰鬥或逃跑。在進食或休息的狀況下，身體運作則完全相反。腎上腺素偏低，心律、血壓和體溫也較低，而且瞳孔收縮。

某些化學藥品可能使人產生成類似的反應。「鎮靜劑」如麻醉藥（narcotics）通常有放鬆與麻木的效果，造成瞳孔收縮。包括海洛因、嗎啡和巴比妥類藥物。而「興奮劑」或

圖7

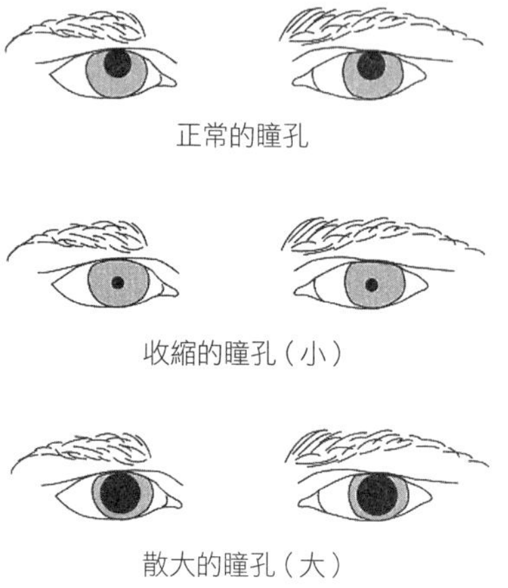

類似speed的化合物屬於擬交感神經作用劑（sympathomimetic），因為它會模擬交感神經的功用，使瞳孔放大。古柯鹼、安非他命、結晶甲基安非他命、搖頭丸和許多「減肥藥丸」都有這樣的效果。大麻也會使瞳孔放大。

## 42

## 「約會強暴藥物」的作用是什麼？

問——「約會強暴藥物」的主要作用有哪些？是否必須在投藥後立刻飲用？舉例來說，把一顆藥丟進瓶裝水裡，過一會再假裝開瓶給他人飲用，那還有效嗎？受害者服藥後的意識程度為何？我知道藥效過後會出現失憶，但藥物作用當下，受害者知道自己發生什麼事嗎？想要放倒一個人需要多少劑量？我可以讓筆下的壞蛋對被受害者動手術嗎？

答——常見的「約會強暴藥物」是羅氏生物醫療實驗室（Roche Labs）製造的羅眠樂（Rohypnol，學名：氟硝西泮〔flunitrazepam〕，或稱FM2）、快樂丸（Ecstasy，學名：亞甲雙氧甲基安非他命〔3,4-methylenedioxymethamphetamine〕）、GHB（學名：伽瑪羥基丁酸〔gamma-hydroxybutyrate〕）和K他命（Ketamine，學名：氯胺酮〔Hydrochloride〕）。

搖頭丸、GHB和K他命常見於鋭舞派對（rave），也就是聚集大批青少年與年輕群眾通宵達旦的派對。鋭舞文化有專屬的音樂、衣著和毒品使用模式，根據鋭舞客表示，這些毒品能強化鋭舞體驗，與酒精一起服用效果更強。

羅眠樂、GHB和K他命常用於「約會」或「熟識者」強暴。其藥效強，能讓人安靜、順從、判斷力減弱，而且喪失藥效發揮期間的記憶。正因如此，這些藥才能夠讓約會強暴「得逞」。受害者在酒吧或派對上，喝下摻有少量GHB或羅眠樂的飲料。她或許看似正常，但因判斷力受損，而且過度興奮，於是跟著攻擊者離開。她事後會發現不對勁，可是卻記不清楚事發經過，甚至完全忘記。

這類藥物能讓使用者在舉止、言談和外表上都顯得正常。他們也有可能貌似開心、興奮、愉快而安靜，或喝醉酒。有些受害者很快就「醉了」，說起話來口齒不清，必須由他人「送上床」，或載回家，或謀財，或害命。無論如何，他們不會多做抵抗，藥效發作的反應因人而異。

以下逐一介紹這些藥物：

**羅眠樂**（街頭名稱：roofies、roaches、rope、Mexican Valium）是一種中樞神經抑制劑，和煩寧同屬苯二氮焯（benzodiazepine）鎮靜劑，主要用來治療失眠。這種藥不在美國生產，也不能合法使用，但可在墨西哥及許多國家取得。羅眠樂為一或兩毫克的白色錠劑，可磨碎溶解於任何液體中。黑市價格每錠約五美元。服用二十至三十分鐘後會發揮效力，兩個小時內藥效達到高峰，其作用可持續八至十二小時。羅眠樂會造成鎮靜作用、意識模糊、欣快、喪失自我、暈眩、視線模糊、行動與反射遲鈍，以及記憶缺失。受害者通常判斷力減弱、感到平靜且欣快，記不清楚或根本記不住事情。受害者可能在幾個小時後，突然「醒來」或「回到現實」，但對發生的事情僅有片段記憶或完全空白。偶爾，羅眠樂會讓人憤怒且具攻擊性。

**快樂丸**（街頭名稱：E、X、XTC、MDMA、love、Adam）最早於一九一四年獲得專利，做為食慾抑制劑使用，但從未上市。快樂丸目前多由地下實驗室生產，以藥丸或膠囊形式分銷。它具有安非他命的速度感與迷幻效果。使用者的知覺和同理感受增強、心情大振、精力提升，偶爾還會有深刻的心靈體驗，或者同樣深刻卻不理性的恐懼反應。快樂丸可能使人血壓上升、磨牙、出汗、噁心、焦慮或恐慌發作。過去曾發生少數併發惡性高熱（malignant hyperthermia）致死的案例（用藥者體溫突然急升至攝氏四十一、四十二度或以上，基本上腦部如遭「油炸」）。

吸毒者所遇到的問題之一是Ecstasy和GHB通常都叫做「快樂丸」，其實它們是全然不同的化合物。街上買毒的人不一定知道自己拿到什麼。

**GHB**（街頭名稱：G、XTC、E、液態快樂丸、Liquid E、神仙水〔easy lay〕、goop、scoop、Georgia Homeboy）於一九六〇年代研發合成，過去被當成「天然的」食品補充劑與鍛鍊肌肉的藥物來販售。呈白色粉末狀，易溶於水、酒類及其他液體。亦有液態形式，無色無味，以小瓶裝分銷，售價約五到十美元。GHB的藥效迅速，服用後五至二十分鐘內顯現，一般可維持兩到三小時。它會使人變得狂放不羈、欣快、昏沉，倘若與酒精、大麻、古柯鹼或其他毒品一起使用，則效果加倍。很多年輕人為了「買醉」，用GHB強化酒精的效果。使用者表示GHB讓他們心情愉快、性慾增強，而且健談。他們可能會暈眩、昏沉、失憶、幸福感增加、快感強化，有時候還會出現幻覺。

**K他命**（街頭名稱：K、Special K、Kit-Kat、Purple、bump）在一九七〇年代常做為外科手術麻醉用途，但由於容易出現不可預測的致幻與精神副作用，後來使用上並不廣泛。目前仍有少數醫療用途，例如獸醫院常用的動物鎮靜劑。事實上，街頭販賣的K他命，十之八九是竊自動物醫院和診所。

K他命是毒品界的生力軍，以白色粉末和藥丸兩種形式販售，透過服用或以鼻吸食迅速被身體吸收。以鼻吸食是最常見的使用方式。售價約十到二十美元。藥效幾乎是立即出現，但持續時間頗為短暫，不超過一到兩個小時。

K他命的效果類似快樂丸，但它的分離作用會讓使用者出現幻覺、喪失時間感、喪失自我等現象。常見形式為自我感消失症（depersonalization disorder），用藥者從事某活動彷彿移身一旁或從上方俯瞰整體，包括自己的行動。這種反應也常出現於吸食PCP（苯環利定〔Phencyclidine〕或天使塵〔angel dust〕）。PCP在一九七〇與一九八〇年代很流行。

使用者將這種效果稱為「進到K洞」。K洞可能類似愛麗絲的兔子洞，在那裡時間、空間和感覺都扭曲變形。

別忘了一九四〇和一九五〇年代偵探小說與電影愛用的「Mickey Finn」或稱「Mickey」，是由酒精和水合氯醛（chloral hydrate）糖漿結合而成。

有一種兒童使用的鎮靜劑Noctec含有水合氯醛的成分，取得容易。一茶匙就能換得一夜好眠——孩子好眠，父母也好眠。

然而，一旦與酒精混用，水合氯醛就成了強效鎮靜劑。最早是製作成方便摻進調酒的液體藥物（現也製作成軟膠囊）。它的氣味和味道微弱，很容易被酒精和調酒中的飲料蓋過。

自從巴比妥類藥物（barbiturates）問世後，水合氯醛做為成人鎮靜劑的用途漸漸被取代，因為「巴比」（barbies）效果更佳，而且副作用較少。當然，巴比妥類藥物也能和酒精混用，引發同樣的效果。這個組合是常見的自殺手法。

接著，來回答你的問題。

這些化合物很穩定，可以提前數小時或數日添加到水、果汁或酒精裡。因為容易溶解，受害者通常不會發現他們的飲料被動了手腳。

就算藥物開始發揮作用，受害者也不太可能知道自己被「下藥了」，而是覺得自己「喝多了」，感覺很興奮，時而大笑，時而傻笑，很容易受暗示，或者變得嗜睡、精神萎靡。

GHB和快樂丸的劑量不好掌握，因為通常是在私人車庫和地下室土法製成，但羅眠樂與K他命則是由藥劑實驗室製造。三到四劑的羅眠樂與K他命，就足以放倒受害者。一到兩劑則會讓他們變得聽話順從，自願跟著攻擊者去任何地方。根據你鋪陳的情境，受害者可能會「自願」參與性行為或其他活動，但外科手術的劇痛肯定會「喚醒」受害者。他或許無法有效抵抗或大吵大鬧，可是也不會太配合。倘若將嘴巴塞住、手腳綑縛，動起刀來會比較容易。

唯有K他命的藥效足以當作「外科手術」麻醉劑，而且還必須是注射型的K他命。其他幾種藥物不太可能使受害者昏迷或徹底安靜，除非施用足以致命的極高劑量。

比較好的安排或許是受害者喝了一杯摻有羅眠樂或GHB的酒精飲料，然後被誘騙到荒郊野外，成功制服後，再以注射型K他命權充手術麻醉劑。

## 43

### 處理氰化物（cyanide）有哪些危險？

問——如果處理氰化物時沒有戴手套，不過與之接觸有限，會發生什麼事？

答——後果顯然取決於暴露形式、氰化物的濃度，以及暴露位置。氰化物是一種具有毒性且危險性極高的物質。

氰化物可透過皮膚直接吸收，致人於死。戴手套能避免這樣的悲劇。若粉末飄散到空氣中並吸入體內，將經由肺部迅速進到血液裡，致人於死。若溶於液體之中，液體飛濺到皮膚上或眼睛裡，也會致人於死。

而且只需要少量。即使醫生就在身邊，也難逃一死。絕對碰不得。

不過倘若你打算在故事中殺掉某人，氰化物絕對是好東西。但使用時，再怎麼小心都不為過。

# 44

## 進食能避免酒醉嗎？

問——我筆下的人物必須大量飲酒，同時又得將酒醉（酒精中毒）的程度降至最低。請問有沒有一種物質能夠在飲酒前注射或服用，以降低酒精的影響？食用大量麵包能「吸收」酒精的古老說法是真的嗎？

答——攝取的酒精被吸收後會迅速進入血流中，一旦血液通過肝臟，肝臟便將血液裡的酒精提取出來進行分解。而胃腸道的酒精吸收率以及肝臟的酒精代謝率，兩者之間的動態平衡決定血液裡的酒精濃度。

麵包不會「吸收」酒精。不過，胃裡若有食物，包括麵包在內，都能減緩酒精進到血流的速度，從而降低血液酒精濃度。胃腸道的每個部分都會吸收酒精，不過從小腸進到血流的速度比從胃來得快，特別是十二指腸（小腸最前端的部分）。高脂肪的食物和牛奶，往往能減緩胃部排空，將酒精留在胃裡久一些，能夠減緩酒精吸收。所以，飲酒前吃個起司漢堡和奶昔或許是個不錯的選擇。但對你筆下的人物而言，盡可能喝少一點、喝慢一點大概比較有幫助。

# 45

## 將海洛因裝在保險套裡吞進肚子走私有多危險？

問——在我的故事中，負責走私的「騾子」吞下裝滿海洛因的保險套，請問多久後會排出體外？保險套不敵消化液而滲漏的機率有多高？

答——食物通過消化道的正常時間（從嘴到肛門）介於二十四至七十二小時。範圍很大。實際上，通過時間因人而異，即使是同一人，每天所需的消化時間也不盡相同。除了身體狀況有好有壞，也隨著年齡、最近吃的食物種類、潛在腸道疾病、服用的藥物、水分攝取等數不盡的因素而有不同，難以預測。

話雖如此，你故事中的「騾子」可能會在一至三天內排出毒品。不過，保險套在腹腔X光檢測下將無所遁形，只要海關或緝毒局探員對某人起疑，他們能輕易地發現走私違禁品。接著會給「騾子」服用瀉藥，加速包裝毒品通過身體的時間，很快就有證據到手。

運毒者使用保險套或其他乳膠、橡膠類的容器，是因為人體不容易消化。然而，胃腸道裡的胃酸與消化酵素加上腸蠕動，都可能侵蝕保險套，導致滲漏或破裂。在這種情況下，將一次吸收大量的古柯鹼、海洛因等毒品而迅速斃命。古柯鹼和甲基安非他命會引發癲癇、心律不整、心臟病發和死亡。海洛因則會使人血壓急遽下降、呼吸抑制直到呼吸中止，並且死亡。

## 46

### 鴉片成癮會使人變得暴力嗎？

問——我需要幫忙。我書中一個人物發現了一封百年前的自殺遺書。寫下這封信的人說，他吸食鴉片成癮，導致性格丕變，變得暴力凶惡，因此決定自殺，為家人解除重擔。我參加的寫作小組對於鴉片是否會使人變得暴力抱持疑問。假設此人在十九世紀末濫用某種藥物成癮，導致性格轉變，若非鴉片，還可以有哪些選擇呢？

答——鴉片（學名：*Papaver somniferium*）是取自鴉片罌粟的黏稠物質，屬於一種中樞神經抑制劑。它是製作嗎啡和海洛因的基礎，也是鎮靜藥物，會使人精神萎靡和嗜睡、動作遲緩、抑鬱，攝取高劑量可能陷入昏迷並死亡。一般來說，鴉片不太可能「激發」暴力或凶殘行徑，但自願或非自願（譬如被送進監牢或失去貨源）進入戒斷期的鴉片成癮者，可能變得易怒、具攻擊性，甚至有殺人傾向。因此，沒錯，鴉片能間接造成你想要的效果。

補充一個想法：在你設想的情境裡，「留下遺書之人」陳述自己的行為出現變化。但這是真實的，還是想像的？有沒有其他更可信的來源佐證？因為他是癮君子，判斷不一定正確。也許他只是做惡夢或出現幻覺，卻以為是真的，實際上他可能非常溫馴。而且鴉片能輕易造成抑鬱及自殺傾向。

另一種藥物選擇是古柯鹼。古柯鹼在十九世紀已流通於市面，使用者通常變得具攻擊性、脾氣暴躁且暴力。長期使用會引發妄想症，助長潛在的攻擊行為。若和你的故事相符，這可能是更好的選擇。

當然，他也可以同時對這兩種成癮。佛洛伊德等人曾在十九世紀短暫提倡以古柯鹼治療鴉片成癮，認為它的刺激效果對戒斷有益。但接受此療法的人明顯出現古柯鹼成癮的現象，因此不再採用。也許這封自殺遺書（或者還有其他信件一起被發現）可以提起他曾經尋求治療，但如今萬分沮喪地發現「解藥」成了詛咒。

酒精也是一種選擇。不僅普遍、容易取得，而且酒精成癮者經常變得具攻擊性、凶惡，甚至有殺人以及自殺的傾向。

鴉片、古柯鹼和酒精濫用者輕生時有所聞，因服用過量或混用藥物如鴉片製劑與酒精導致的意外死亡也非常普遍。若找到遺書的人後來發現其他證據，顯示遺書作者「自殺」一舉並非有意結束生命，而是「做做樣子」或「絕望求助」，但做過頭了，會是不錯的劇情轉折。多數時候，癮君子不懂得如何求助，一百年前更是如此，總以為試圖輕生能得到他們需要的關注。

## 47

### 利他寧（Ritalin）有助於治療注意力缺失症嗎？有沒有濫用的可能？

問——我的故事裡有個十二歲的男孩，因患有注意力缺失症而服用利他寧。請問一般劑量是多少？療效如何，有副作用嗎？此外，我讀到這種藥物是常見的濫用藥物。請問如何濫用？誰會濫用？

答——注意力缺失症（Attention Deficient Disorder, ADD）並不罕見，又稱做兒童多動症或兒童過度活躍症（hyperactive or hyperkinetc child syndrome），以及微細腦機能障礙（minimal brain dysfunction syndrome）。典型症狀包括注意力短暫、容易分心、情緒不穩、行為衝動，以及過動。學習力可能因此削弱，也可能不會。注意力缺失症不容易確診，主要取決於患者是否同時擁有多個上述症狀，而腦電圖、磁振造影和大腦斷層掃描等神經檢驗結果，幾乎都是正常。

利他寧（學名：派醋甲酯〔methylphenidate〕）能夠幫助許多注意力缺失症的患者。它是口服藥，一天兩次，早餐和午餐前服用。初期劑量為每日兩次、每次五毫克，接下來每週增加五到十毫克，直至達成期望效果。劑量最多不可超過每日六十毫克。利他寧分為五毫克（黃色）、十毫克（淺綠色）、二十毫克（淺黃色）的小圓錠劑，以及利他寧SR（白色），劑量二十毫克的持續釋放劑型（sustained release tablet），只需每日早上服用一錠。

利他寧可減輕或消除注意力缺失症的症狀。可能的副作用包括起疹子、食慾不振、噁心、頭痛、困倦、血壓和脈搏速率提高或降低、心悸，甚至引發中毒性精神病（toxic psychosis），產生妄想和幻覺。利他寧算是常見的濫用藥物。倘若磨成粉末以鼻吸食，會產生類似古柯鹼或甲基安非他命的快感。美國許多小學規定，學生在校期間所服用的藥物必須由學校護理師發放。有些校園惡霸知道這樣的規定，就觀察哪些孩子每天早上去醫護室領藥，然後強迫他們把藥交出來。搶來的藥物除了自己使用，也轉賣給別人。有點像是小學生黑手黨。

利他寧也出現在高中和大學校園裡。總是有不道德的醫生或藥劑師會開立或配發此藥物。利他寧是一種「過度開立」的藥物（意思是提供給並非真正需要的患者，就像過去的煩寧），以致氾濫街頭。供應源穩固和市場需求持續成長，造成濫用問題愈來愈惡化。

# 48 暈船的機制是什麼？

問——我的小説背景設定在維多利亞時代的波士頓。其中一個角色，一名中年婦女必需乘船前往英格蘭。她每次坐船都會嚴重暈船。請問她的醫生會用什麼方法幫她度過這趟旅程呢？

答——當時有很多治療暈船的方法，可是都不太有效。原因之一是當時的人對暈船的機制所知甚微。有個普遍流傳的理論認為，暈船是血液流向大腦的過程不順暢，導致大腦貧血，進而產生噁心、嘔吐和暈眩等動暈症（motion sickness）症狀。

現在我們知道暈船、動暈症和太空動暈（由於失重）是內耳前庭系統（掌管平衡）接收到的信號混亂所致。這個系統精密複雜，其中半規管是定位和運動的主要感應器。前庭系統由三個中空的迴路所組成，每個半規管都和另外兩個呈九十度角相交，類似實體幾何的XYZ面。一個半規管由前至後繞一圈，一個由左至右繞一圈，一個由上至下繞一圈。半規管裡充滿了液體，地心引力對該液體作用，讓大腦知道自己是正立、倒立，或者正在繞圈等。

在失重的環境下，這些信號因缺少重力而喪失，連帶管內液體也失重，於是無法發出任何信號。然而，大腦需要這些信號才能定向。少了這些信號，眩暈和動暈症的症狀便會出現。在移動的汽車和船隻上，液體受到攪動，大腦接收到紊亂而混淆的信號，於是導致相同的症狀。

《美國醫學會雜誌》於一九〇一年三月十六日刊登了一份報告，丹尼爾．R．布洛爾醫生（Dr. Daniel R. Brower）提出以下治療方案：旅行前，應「避免過度疲勞和憂慮」，少量進食，然後藉由全劑量的汞塊（massa hydrargyri），以及在適當時間使用瀉鹽，徹底導瀉。」（他並沒有對「全劑量」和「適當時間」加以解釋。）一旦完成淨腸，他建議將各一茶匙的溴化鉀（Potassium Bromide）和薄荷或薄荷油加入水中，每日飲用三次，直至登船。上船後，服用十至十五格令（〔grain〕一格令約六十五毫克）的Chloralamid，躺平，直到船行駛至外海且藥物作用消退。（他沒有說明會出現哪些藥物作用。）然後，「到甲板上走動，看看是否會暈船。」若暈船的感覺又出現，必須再次服用Chloralamid。他最後、大概也是最好的建議是「盡可能留在甲板上」。

這可能是治療比疾病更可怕的案例。

但你筆下的女士不用太害怕，暈船的不適通常幾天後就會緩解。不過她一旦上岸，半規管內的液體不再受攪動，可能又會出現「暈陸」（land sickness）的情況。因為半規管才開始習慣不穩定的信號，一切又回歸「正常」，導致系統再次當機。以上，解釋完畢。

# 疾病及其治療
Diseases and Their Treatment

## 49

### 對蜂螫過敏的人，他的生活方式會受到什麼影響？

問——我筆下的人物對蜂螫嚴重過敏，請問她在生活上需要注意什麼？戴醫療警報手環？冰箱擺解毒劑？蜜蜂會不會特別容易被她吸引？她應該噴防蟲劑嗎？

答——蜂螫能引發許多不同反應。不會過敏的人螫傷處會燒灼並腫脹，但僅限於局部，而且幾天後就會消失。而會過敏的人腫脹將更為嚴重且更加疼痛，可能整條腿或手臂都出現過敏反應。螫處將腫得像香腸，又痛又癢。更嚴重的過敏反應還包括支氣管痙攣（縮小）造成呼吸困難，就像嚴重氣喘發作一樣，若未及時治療可能因此喪命。最糟糕的是全身過敏性反應（anaphylaxis），不僅出現腫脹和支氣管痙攣，還可能心血管虛脫，也就是血壓低到不能再低，休克和死亡旋即到來。

市面上有蜂螫醫療包，裡面包含一支小的腎上腺素注射器，能迅速逆轉過敏反應。

然後傷者才被送往急診室進行決定性治療，例如注射更多腎上腺素，若有需要的話，施予抗組織胺藥物（antihistamine，如苯海拉明〔Benadryl〕）和類固醇。

醫療包最好放在手提包或口袋裡，因為每當需要使用時，一定是「馬上」需要。因此過敏者最好隨身攜帶，就像心臟病患者應該隨身攜帶硝化甘油一樣。

這樣的人可以正常生活，但最好避開蜜蜂。在公園裡散步必須特別提高警覺，但也不至於太過危險。噴防蟲劑是不錯的選擇。據說某些香水、肥皂、體香劑或「好聞的」產品可能會吸引蜜蜂，不過未有定論。

沒有證據顯示過敏者更容易吸引蜜蜂。衣服顏色可能是個問題，但是沒有明確的規則。很多人認為鮮豔的顏色（紅色和黃色）會吸引蜜蜂，不過我最近讀到一篇研究指出，黑色和其他暗色系也會吸引蜜蜂。天曉得呢。

## 50

### 一個人若患有心臟病和心絞痛，會限制他進行哪些活動？

**問**——我筆下的主人翁是個患有心臟疾病的六十七歲男性。他以硝化甘油（nitroglycerin）治療頻繁的輕微心臟病發作。某天一名男子在他舉辦的晚宴上猝逝，導致他心臟病再次發作。他吞下一顆藥丸後便就寢了。我安排他隔天早上恢復正常活動。這樣可行嗎？

答——你的提問犯了常見的術語錯誤。不用難過，這個錯誤無所不在。書本、雜誌、病人和電視播報員都和你犯相同的錯誤。

冠狀動脈盤繞在心臟表面，提供血液給心肌。當部分心肌因其中一條冠狀動脈（圖8）徹底堵塞而死亡，便會導致「心臟病發作」（心肌梗塞〔myocardial infarction〕）。

這是可能致命的危急情況，需立即送醫治療。有些人的心肌梗塞是無痛性心肌梗塞，有些人則會感到如你所描述的輕微且短暫的疼痛。然而，多數心肌梗塞會造成劇痛，持續數小時，直到接受治療。的確，有些人心臟病發作後仍繼續做他們想做的事，但這不是常態。

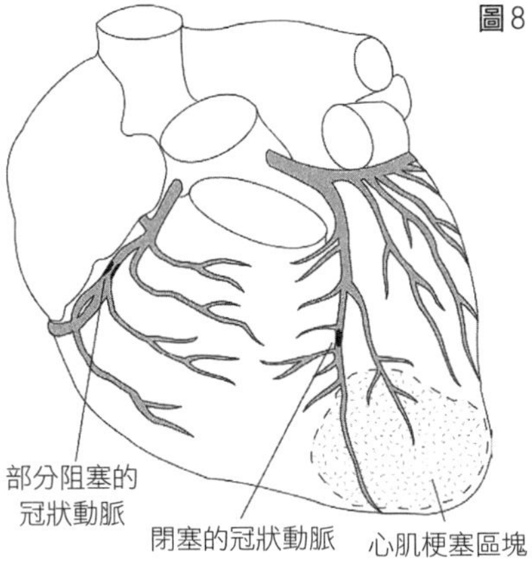

圖8

你在問題中描述的是「心絞痛」（angina pectoris，俗稱狹心症），肇因為冠狀動脈部分堵塞（圖8），導致心肌血液供應不足而造成疼痛。心絞痛不會使心肌受損或壞死。

如你所說，患者服用的藥片是硝化甘油。將藥片置於舌下（不可吞嚥），將迅速溶解，並透過口腔黏膜直接吸收到血流裡。硝化甘油將擴張冠狀動脈，增加心肌的血液與氧氣供應，降低血壓，減輕心臟將血液送往全身的工作量。心臟的工作量和血壓直接相關。血壓愈高，心臟工作得愈辛苦，就像在舉重。因此，硝化甘油負責增加供應並減輕消耗，從而舒緩心臟的疼痛。

典型心絞痛是胸部中央感覺到沉重的壓迫感，有時不適的感覺會蔓延到左手臂或下巴。其他相關症狀包括呼吸困難、盜汗、感覺又冷又黏膩、噁心、無力，可能還會輕微暈眩。心絞痛發作旁人很容易察覺，因為患者大多滿臉驚恐、渾身大汗，而且可能臉色蒼白。

若未接受治療，心絞痛發作一般持續一至五分鐘。服用硝化甘油，能在一至二分鐘內緩解。之後，患者會感到疲勞甚至疲憊不堪，但約五至十分鐘就會恢復正常，繼續從事正常活動。

心絞痛患者顯然有心肌梗塞的風險，因為每次發作都有可能演變為全面爆發的心肌梗塞。立即服用硝化甘油能降低這個機率，因此醫生總是要求患者隨身攜帶藥片。不是放在抽屜或藥櫃裡，而是放進口袋或皮包，以便第一時間取用。

適合你筆下人物的設定為冠狀動脈疾病（coronary artery disease，CAD），加上心絞痛。你可以安排他每次受到生理或情緒壓力時，心絞痛就會發作，為故事添加潛在的威脅。爬坡、吵架、打架、感人的重逢或悲傷的分離，或者如你提議的至親好友死亡，都可能成為觸發因素。他可能心絞痛發作，但口袋裡沒有硝化甘油而必須「忍過去」。事後他可能會覺得自己沒隨身攜帶藥物很愚蠢，因為這個經歷實在太可怕了。

# 51 瘧疾有哪幾種類型？

問——我的故事發生在十九世紀晚期的路易斯安那州，主人翁染上瘧疾（malaria）。我知道瘧疾分成不同類型，我想讓主人翁得到永遠不會痊癒的那種，而且會緩慢惡化（貧血？日漸虛弱？最終死亡？）。請問哪一類型的瘧疾符合這些症狀？還有，寒顫一定出現在發燒之前嗎？若他服用了稀釋的奎寧（quinine），是否能抑制症狀，寒顫和發燒症狀會不會減輕？我還聽過一種退燒藥叫做蘭草（Boneset），它對瘧疾有效嗎？

答——瘧疾從過去到現在都是世界上的主要死因之一。每年至少有三億人感染，而且每天多達三千人死亡。儘管瘧疾如今在美國相當罕見，可是在十九世紀路易斯安那州的沼澤地區可不稀有。

瘧疾是一種原生生物疾病（protozoan disease）。原生生物是動物界最底層的微小單細胞有機體。瘧原蟲屬（學名：*Plasmodium* family）的原生生物是瘧疾的元凶，共有四個類型：間日瘧原蟲（學名：*Plasmodium vivax*）、熱帶瘧原蟲（學名：*Plasmodium falciparum*）、三日瘧原蟲（學名：*Plasmodium malariae*），以及卵形瘧原蟲（學名：*Plasmodium ovale*）。美國東南部和南美洲最常見的類型是間日瘧原蟲。熱帶瘧原蟲的致命性最高，治療後仍有約百分之二十的死亡率。根據你設想的情境，間日瘧原蟲是最佳選擇。

瘧疾的生命週期和感染週期非常複雜，而且每個品種不盡相同。接下來我會針對間日瘧原蟲做簡要的說明。

瘧疾和許多疾病一樣，是經由「病媒」或帶原者傳染給人類。瘧疾的病媒是瘧蚊。蚊子叮咬感染者後，瘧疾有機體隨蚊子所吸的血進入蚊子體內，接著瘧原蟲繁殖並聚集在蚊子的唾液裡。一旦蚊子叮咬人類，「蟲蟲」就被注射到血流。在這之後，有兩個發展週期。

第一個週期是肝臟週期，第二個是紅血球週期。在肝臟週期，被注入血液的瘧原蟲抵達肝臟，在肝臟細胞裡繁殖。此時為潛伏期，患者通常沒有任何症狀。一般約持續八天，但也可能持續潛伏在肝臟細胞裡達數月或數年之久。無論如何，瘧原蟲遲早會繁殖並破壞肝臟細胞，然後重新回到血液裡。症狀在這個階段也開始出現。

瘧原蟲接著進入紅血球細胞，開啟紅血球週期。牠們在紅血球細胞內繁殖，直到破壞這些細胞，然後再回到血流，感染更多紅血球細胞，週而復始。間日瘧原蟲的紅血球週期以四十八小時為一個循環，儘管在感染初期，週期可能不太穩定，但最終都會遵照相同的時刻表。

有趣的是，鐮刀型貧血症（sickle cell anemia）患者往往不會感染瘧疾，可能是寄生蟲無法在鐮刀型細胞內繁殖。由於瘧疾在非洲許多地區很常見，而多數罹患鐮刀型貧血症的患者也是非裔人種，這可能是為了生存而發展出的突變吧。

初期症狀就像流行性感冒：發燒、畏寒、打顫、不適、頭痛、肌肉痠痛且僵硬、食慾不振、噁心及嘔吐。很快地，隨著紅血球細胞被破壞，大量「蟲蟲」釋放到血液裡，發燒、畏寒、打顫的典型週期約四十八小時循環一次。而紅血球細胞持續以這種方式被消滅，也會引發患者貧血。患者還可能看起來像得了黃疸，皮膚泛黃。一段時間後，肝臟和（或）腎臟功能衰竭，死亡隨之而來。

奎寧取自金雞納樹（cinchona）的樹皮，最初在祕魯被發現。早在一七一二年，人類已懂得將金雞納樹皮磨成粉末，用來治療「間歇熱」（intermittent fevers）。一八二〇年，兩名法國化學家皮耶・佩爾蒂埃（Pierre Pelletier）和約瑟夫・卡芳杜（Joseph Caventou）從樹皮萃取出奎寧，製作成奎寧硫酸鹽粉末，證明它比樹皮本身更能有效治療熱病。

在十九世紀，奎寧是治療瘧疾的主要藥物。良藥苦口。它嚐起來有苦味，使人噁心、嘔吐、腹瀉、起疹子、耳鳴，甚至聽不見高音頻的聲音。若服用你提議的稀釋劑量，患者承受的副作用比較小，而且僅能稍微減弱這種疾病的症狀。若未經全面且積極的治療，瘧疾永遠不會痊癒，必須承受一生。非洲和南美州有數百萬人就是如此過活。許多人最終死於貧血、肝臟或腎臟衰竭，或其他感染如肺炎——瘧疾患者得到其他感染的機率高於正常值。

蘭草（學名：*Eupatorium perfoliatum*）也稱為退熱根（feverwort）、龍膽草（agueweed）或

sweatplant。一種開花植物，乾燥後做成帶苦味的茶，服用能使人潮紅、流汗，用於治療熱病，也有通便的效果。許多北美印第安部落使用蘭草，後來歐洲開墾者向他們學習。就我所知，蘭草並不能夠治療瘧疾。無論過去或現在，民俗療法使用蘭草是因為它能使人出汗，而被視為對人體有益。

# 52

## 加勒比海地區有哪些怪異的流行疾病？

問——我書中女主角的女兒去了一趟加勒比海，回家後重病不起，必須送醫治療。嚴重的「旅行者腹瀉」（tourista）和肺炎是我所能想得到的可能疾病，但我想要更怪異的。請問你有什麼建議嗎？

答——血吸蟲病（schistosomiasis）。這個夠怪嗎？

它是經由吸蟲（trematode）感染，全世界有許多不同種類。加勒比海最常見的是曼森血吸蟲（學名：*Schistosoma mansoni*），流行於加勒比海許多地區，患者因在含有該寄生蟲的水裡游泳或浸泡而感染。任何淡水池塘或溪流都可能有曼森血吸蟲的蹤跡。

這種寄生蟲的生命週期複雜又有趣（圖9）。

血吸蟲需要兩個宿主（人類和蝸牛）合作，才能蛻變成多種獨特型態。具傳染性的型態稱做尾蚴（cercaria），是一種尾部分岔的蠕蟲狀有機體，經由接觸受污染水源的完好皮膚進到人體。侵入後，變形成稱為童蟲（schistomule）的型態，再經由血流移行至肺臟，然後到肝門靜脈，並在此變成成蟲。公母吸蟲結成對後，移行到腸膜（intestinal lining），在此安家落戶、交配，準備產卵。蟲卵不是停留在腸組織，就是被送回肝臟。無論如何，最終會排出體外，而且一旦接觸到水，便孵化成纖毛蚴（miracidium），一種在水裡悠遊的型態，以纖毛移動（外部的毛髮狀結構，用來划水）。纖毛蚴接著侵入特定種類的蝸牛，在其體內發展成尾蚴，再進到水裡，周而復始。

血吸蟲從侵入人體、移行到成熟階段約需四至五週。在這段期間，患者通常不會顯現任何症狀，除了感染後可能有一天左右會覺得輕微搔癢。症狀從產卵階段才開始顯現。最常見的症狀包括發燒、寒顫、頭痛、

圖9

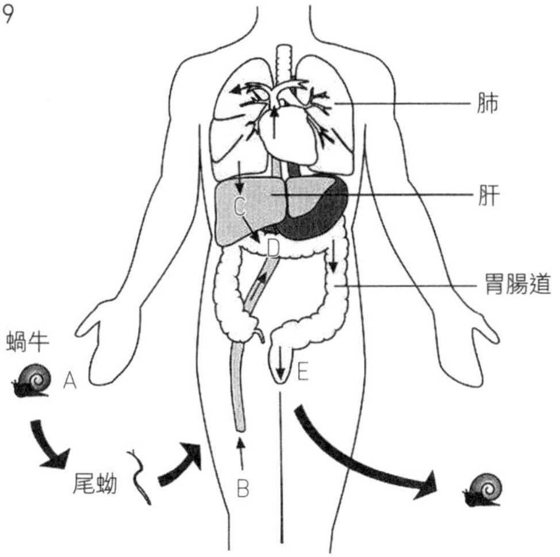

蕁麻疹或血管性水腫（〔angioedema〕手、腳和臉部浮腫，特別是嘴唇和眼睛）、咳嗽、體重減輕、疲勞、腹痛和腹瀉，偶有血便。

此病診斷不易，因為一般不會想到是血吸蟲病，而被當成傷寒（typhoid fever）、阿米巴痢疾（amoebic dysentery）和其他會引起腹瀉或持續發熱的疾病處理。通常是身體檢查結果顯示白血球數增加，尤其是嗜酸性白血球（eosinophils）占所有白血球細胞的百分之五十以上（正常值為百分之三到五），以及在糞便採樣或直腸組織切片中找到蟲卵，或是免疫螢光試驗呈陽性，才確診為血吸蟲病。

一旦確診，治療的部分相對簡單。每公斤體重使用十五毫克的Oxamniquine，以及三份二十毫克的帕苙奎（Praziquantel），兩者服用間隔六小時。假設主人翁的女兒體重約五十五公斤，她得先服用八百二十五毫克的Oxamniquine，六小時後，再服用三劑各一千兩百毫克的帕苙奎。

你可以在故事裡安排這名年輕患者在水塘裡游泳，也許靠近一處浪漫的瀑布，又或者是有樹蔭遮蔽的溪流。她滿載而歸，感覺完全正常。六個星期後，她的身體出現「流感」症狀，發燒、寒顫、咳嗽及輕微腹瀉。醫生讓她服用阿斯匹靈，替她打點滴，要她喝雞湯。但是她的病情卻日益惡化。她持續發燒與寒顫、體重減輕，可能出現血性腹瀉。她將住院治療，檢驗是否罹患肝炎、阿米巴痢疾或傷寒。然而驗血、鋇劑灌腸（barium enemas）和血液培養都看不出蛛絲馬跡，除了白血球細胞和嗜酸性白血球的數量增加；

肝臟和腎臟指數也正常。最後，在檢查有無阿米巴原蟲的糞便採樣中，找到了血吸蟲蟲卵，於是將血液樣本送去做免疫螢光試驗。她住院時迷戀上的俊俏年輕醫生將做出診斷，施予治療，之後她還是能正常生活，什麼事也沒有。

# 53

## 脊髓性肌肉萎縮症有哪些症狀和徵兆？

問——我筆下一個重要人物得了脊髓性肌肉萎縮症（chronic spinal muscular atrophy, SMA）。故事背景設定在十四世紀的布列塔尼和法國。我選擇這個疾病，是因為希望這個人物日漸消瘦，可是又不希望具傳染性，而且為了讓眾人不知所措，所以要比較罕見。

他和女主角相遇時約二十多歲，但雙腿已萎縮。他知道自己將不久於人世，就像他哥哥一樣，不過疾病惡化的情況暫時減緩，他開始期待也許在大限之前還能多活幾年。

我參加的寫作評論小組想知道更多關於此疾病的症狀，雖然我已經提到隨著日漸消瘦和癱瘓蔓延至上半身，他將變得孱弱無力，而且過程令他痛苦不堪。

請問我設想的情境真實嗎？有沒有關於這項罕見疾病的資訊可以補充？

答——是的，你設想的情境完全沒問題，顯然有認真做功課。

脊髓性肌肉萎縮症至少分成三種。

第一型：嬰兒型脊髓性肌肉萎縮症（Infantile SMA），或稱沃尼克－霍夫曼症（Werdnig-Hoffmann disease）。亦即一出生就罹患此疾病，且病程發展迅速，患者壽命很短。嬰兒會四肢癱軟無力，反射作用不良，通常不到一歲就會死亡。和你的故事不符。

第二型：中間型脊髓性肌肉萎縮症（Chronic Childhood SMA）。出生後過一段時間才會發病，病程發展比較緩慢。

第三型：幼年型脊髓性肌肉萎縮症（Juvenile SMA），或稱為庫格柏－偉蘭德症（Wohlfart-Kugelberg-Welander disease）。在幼年晚期發病，病程較長。這大概最適合你設想的情境。

這些全部都屬於「下運動神經元疾病」（lower motor neuron diseases），受影響的部分是脊髓（下方）的神經元（神經細胞），而不是大腦（上方）的神經元。相較於知覺（感覺神經元），運動神經元掌管人的動作。同類疾病還包括肌萎縮性脊髓側索硬化症（〔amytrophic lateral sclerosis〕魯蓋瑞氏症〔Lou Gehrig's Disease〕，即俗稱的「漸凍人」）。傑出的理論物理學家史蒂芬・霍金（Stephen Hawking）就患有肌萎縮性脊髓側索硬化症。

脊髓性肌肉萎縮症是一種遺傳性疾病，因此主人翁的哥哥也死於相同疾病完全吻合特徵，而且既然他知道疾病後續的發展，自然會多一分恐懼。不過，十四世紀的人對這種疾病一無所知，所以肯定沒有專屬的病名。他很可能被視為罪惡之人，或遭邪靈附身，或某種潛在危害。在當時，宗教對人的影響遠勝於科學。

如你對主人翁的描述，這類患者的運動神經刺激喪失，導致漸進式的肌肉萎縮。萎縮通常在肩膀和臀部較大的、近端的肌肉較為明顯，大腿、上臂和肩膀將逐年累月愈來愈無力，愈來愈瘦弱。

這類病症通常不會引起疼痛，因為影響的是「運動」神經元，而不是「感覺」神經元。患者的症狀單純是漸進式的力氣和肌肉喪失，從較大的肌肉開始再到較小的肌肉。當患者益發無力，進行需協調性和手部精密動作的能力將惡化，寫字、畫畫和玩玩具都會受到影響，使用餐具或其他工具也會變得笨拙。走路時兩腳愈來愈開（以便平衡），而且常常拖著腳，三不五時就會絆倒和跌倒，站立、走路、從椅子上起身的動作變得極為困難。最終，患者只能坐輪椅或臥床，愈來愈依賴他人協助進食、洗澡、穿衣等。即使經歷這一切，他的智力卻完全不受影響，因為這種疾病不會影響大腦。因此患者可能變得抑鬱、陰沉、憤怒，並且產生自殺的念頭。

# 54

## 青少年最容易感染哪一種細菌性腦膜炎？

問——我想問個不常見的問題。我在寫一個大致以自己成長背景為藍本的小說。我在十二歲參加夏令營期間生了場大病，住院幾個星期，差點死掉。我不太記得這段經歷，長大後才知道我得的是細菌性腦膜炎（bacterial meningitis），而且營地裡有很多孩子也得了相同的病。我想把它納進故事裡，能否聽聽你對於這起事件發生原因的看法？

答——腦膜炎是指腦膜發炎，腦膜則是覆蓋大腦和脊髓的薄膜。十一歲的孩子最常見的是病毒性腦膜炎（〔viral meningitis〕由許多不同種類的病毒所致）或是細菌性腦膜炎（由流感嗜血桿菌〔學名：*Haemophilus influenzae*〕或腦膜炎雙球菌〔學名：*Neisseria meningitidis*〕所致，兩者皆為細菌）。根據你的描述，最有可能的罪魁禍首是由腦膜炎雙球菌造成的流行性腦脊髓膜炎。

流行性腦脊髓膜炎好發於三歲以下兒童，或十四至二十歲之間的青少年。在夏令營、軍事基地和學校等密閉社群裡最容易傳播蔓延，特別是來自四面八方的人聚集之處。讓我來解釋箇中道理。

腦膜炎雙球菌有很多不同菌種。每個人的鼻咽（鼻子和喉嚨）皆攜帶數不清的細菌。

因為每天朝夕相處，我們對這些細菌免疫，住在相同地理區域的人也是。當我們到國內其他地區，我們所接觸到的人則是攜帶著相同細菌的不同菌種；反之亦然。其中可能有某個我們不具免疫力的菌種，因為我們不曾定期和這個菌種接觸，因此尚未形成抗體，於是產生感染「外來」細菌的風險。

病毒更是如此。你是否常在度假或旅行回家後得到「流感」或「感冒」？當你搭飛機旅行到外地或其他國家遊玩，會接觸到不屬於日常生活環境裡的病毒。由於你對這些病毒的免疫力薄弱，或是根本無法抵抗，所以就生病了。

腦膜炎雙球菌是我們咽喉中常見的細菌。當來自四面八方的人齊聚一堂，譬如夏令營或軍事基地，有些人可能帶來毒性特別強的菌種，然而並非所有人都對它具有免疫力。也就是說，帶菌者本身免疫，團體中其他成員卻不然。這種細菌可以藉由直接接觸（分享食物、飲料，或接吻）或經由咳嗽、打噴嚏散布到空氣中，傳染給他人。沒有免疫力的人首先出現喉嚨感染，接著細菌從咽喉進到血流，蔓延至大腦，引發腦膜炎。隨著細菌在人與人之間傳播，流行性腦脊髓膜炎旋即爆發。你和你的朋友應該就是這樣染病的。

潛伏期只有短短二十四小時，因此散播十分迅速。待第一個人發病時，很多人早已遭殃，不久後就會紛紛出現症狀。

主要症狀包括發燒、畏寒、喉嚨痛、嚴重頭痛、頸部僵硬、畏光、全身痠痛，以及噁心。由於大腦遭到感染，所以患者可能無精打采、定向力喪失、意識混亂，甚至陷入昏迷。這或許能解釋你為什麼不太記得事情經過。

這個疾病有不少嚴重、甚至可能致命的併發症。大腦或脊髓膿腫（abscesses）、肺炎、腦膜炎球菌性關節炎（meningococcal arthritis）、心內膜炎（〔endocarditis〕心臟瓣膜感染）以及腦膜炎雙球菌血症（〔meningococcemia〕可能迅速致命的嚴重血液感染）都不算罕見。

由於該細菌對盤尼西林沒有抵抗力，只要接受高劑量的盤尼西林靜脈輸注治療，大多數患者都能完全康復。

# 55

## 電療法對治療重度憂鬱症有效嗎？

問——我想知道關於憂鬱症電療的資訊。我筆下有個人物罹患重度憂鬱症，而且已試遍各種抗憂鬱藥物。請問現在還有人進行電療嗎？電療的原理是什麼？有效嗎？有哪些併發症？

答——臨床憂鬱症是常見且值得關注的健康問題。患者對人生失去一切希望，悲傷、孤獨、看不到未來、不想要任何陪伴、躲避社交、哭泣，而且往往無法好好照顧自己。

在極嚴重的個案中，患者衣物骯髒、不洗澡、營養不良，有時甚至不吃飯，因為疏於自我照顧而導致健康走下坡。重度憂鬱症患者的死亡率達百分之十五，絕大多數死於自殺。

電痙攣療法（electroconvulsive therapy, ECT）始於一九三〇年代。多年來，研究者利用許多方法誘發此療法不可或缺的抽搐。起初透過各式藥物，後來使用胰島素，把血糖降低到癲癇（seizure）發作的程度。最終，採用將電擊傳至大腦的方式。

電擊作用的機制與益處仍有待釐清，似乎是電擊誘發全身性癲癇之際，在大腦四處流竄的紊亂電活動，莫名地改變了大腦的「情緒中樞」（mood center）。沒人知道確切原因，只知道效果不俗。

早年的電痙攣療法沒有施打麻醉，因此癲癇發作時，接受電療者有些會嚴重咬傷舌頭、嘔吐且吸入嘔吐物，甚至抽搐太過劇烈而四肢骨折。很有畫面吧。

一九七五年，電影《飛越杜鵑窩》（*One Flew Over the Cuckoo's Nest*）登上大銀幕，以負面方式呈現電痙攣療法，將之描述成懲罰機制，而不是治療。如今，電痙攣療法可能東山再起，因為它是有效的。對重度憂鬱症患者而言，它是安全且有效的第一線治療，反應率達百分之八十至九十。對藥物治療沒有進展的患者，像是你筆下的人物，成效達百分之五十至六十。但如同所有療法，接受電痙攣療法後仍有可能復發。

電痙攣療法的程序比起過去不再那麼野蠻。患者躺在擔架上，接受靜脈輸注，心臟監測器的電極置於胸口，電痙攣療法的電擊片則貼在頭部兩側。同時以急救甦醒球

（Ambu bag）罩住口鼻，以便在治療過程中替病患供氧，直到麻醉和肌肉麻痺的藥效退去。

注射短效全身麻醉劑和肌肉鬆弛劑在於防止癲癇發作的外在表現形式，從而避免過往舌頭咬傷與骨折的情況。短效麻醉劑包括得普利麻（Diprivan；學名：異丙酚〔propofol〕）二十五到五十毫克，以靜脈滴注，需要時再施打一劑；或者速眠安（Versed；學名：咪達唑侖〔midazolam HCL〕）二到五毫克，以靜脈滴注，需要時再施打一劑。兩者皆為極短效的藥物，可立即見效，快速消退。肌肉鬆弛藥物則包括弛肌儂（Norcuron；學名：羅庫溴銨〔vecuronium bromide〕）依體重每公斤〇．一〇毫克，以靜脈滴注；或麻妥儂（Pavulon；學名：泮庫溴銨〔pancuronium bromide〕）一到四毫克，以靜脈滴注。兩者的作用都很快速，可視需要追加劑量，約二十至三十分鐘就會退去。

執行電痙攣療法的醫生會特別注意患者的心律和呼吸暢通，避免抽吸或心律不整引發的併發症。電流傳導到大腦，誘發癲癇活動，但由於患者已被麻醉且麻痺，所以不會出現強直陣攣型抽搐（tonic-clonic jerking），也就是全身性癲癇發作的情況。

重度憂鬱症患者一週需接受三次治療，為期二至四週，或直到出現預期效果。長期副作用微乎其微，短期副作用則可能出現認知功能（思考和解決問題）遲鈍，持續數天或數週。此外，病患可能失憶，逆行性（進行電痙攣療法之前的事情）和順行性（剛完成電痙攣療法之後的一段時間）失憶皆有可能發生。無論如何，記憶力通常在幾天或幾週後就會恢復正常。

這種療法除了成效良好，也沒有許多精神科藥物所造成的長期問題。治療憂鬱症的藥物不僅有嚴重副作用，還可能和其他藥物與特定食物產生交互作用。

## 56 流產有哪些症狀？

問——我正在琢磨故事中的一幕場景，背景設定在二十世紀早期，一名女性人物生病，可能流產。能否請你大致說明流產的感受？劇烈抽筋？出血？有哪些徵兆？

答——胎兒死亡後，子宮將之排出體外，便稱為流產。造成流產的原因很多。胎兒可能有先天基因缺陷，自受孕起便注定不可能活著出世；也可能胎盤不正或者功能不全，導致胎兒死亡；或者子宮因過去的感染或創傷留下傷疤，譬如做過子宮擴刮術或曾經墮胎，而無法支持胎兒生長；又或者，健康的胎兒因外力或感染而受創或死亡。好萊塢最常見的橋段是女性跌下樓或被人推下樓，還有從馬背上摔落。各種類型的腹部鈍挫傷皆能傷害或殺死胎兒，造成流產。

即將流產前的症狀包括隱約或陣陣下腹痙攣、噁心、出汗、暈眩，以及陰道出血。出血可能突如其來且大量，或者微乎其微且斷斷續續（一般正常的孕期也可能出現相同情況）。最後將出現類似「破水」的明顯徵兆，但前提是懷孕時間夠久，已產生可觀數量的羊水。接著胎兒和胎盤組織會透過陰道排出。若孕期不長，僅數週，這些組織將不成形且不規則，比較像一個大型的血塊。若懷孕兩個月以上，排出的將是具有形狀的胎兒。

流產可能發生得很突然，也可能「時斷時續」拖延幾週才結束，這取決於很多因素。舉例來說，你筆下的角色可能在一兩個小時內經歷劇烈下腹疼痛、噁心、出汗、無力，以及血液與組織排出的過程。毫無疑問，她會感到恐懼和焦慮，因為流產很痛苦且具有潛在致命的危險。她也可能在數天或數週內經歷不間斷的輕微痙攣，或許還出現一些「血點」（陰道少量出血）。之後痙攣愈來愈強烈，終至明顯出血並排出組織。

流產後，她的出血量可少可多。有些人會出血致死，有些人會併發子宮內感染、高燒、寒顫不止等症狀，而且不一定會康復。

一百年前，對於流產幾乎無計可施，能不能存活端看流產的嚴重程度、失血量、感染與否（一旦感染也無法治療），還有運氣。她會被安頓在床上，由照顧者餵食，遞送熱茶，並以沾溼的海綿緩解高燒。家人齊聚，牧師到場，醫生獲召出席，不過他能提供的幫助極其有限。

## 57 懷孕有什麼併發症會使孕婦必須住院治療或臥床休息？

問——我的故事裡，主人翁是未婚懷孕的十六歲少女。她的懷孕不適症狀包括噁心、體重下降和憂鬱。為了劇情需要，我想安排她在懷孕最後幾週臥床。我知道在某些情況下，醫生會建議孕婦臥床休息。請問比較常見的情況有哪些？

答——前四大原因是早產、早期破水、先兆子癇（preeclampsia）和周產期心肌病變（peripartum cardiomyopathy）。接下來我將一一介紹。

早產是子宮在預產期前幾週或幾個月開始收縮。若子宮持續收縮，可能演變成早產，影響嬰兒存活的機會。一般而言，早產收縮是輕微且間歇的下腹不適，未來幾天頻率和強度皆會提高。準媽媽起初可能無視症狀或不以為意，不過倘若症狀持續惡化，她必須尋求醫療協助，否則可能輕微出血或有「血點」。

針對早產的情況，醫生會要求臥床休息，但她應該可以下床上廁所、洗澡和吃飯。主要是希望她將活動量降至最低。若採取這樣的保守措施未能停止收縮，就必須住院治療，接受硫酸鎂（magnesium sulfate）注射與滴注，以期停止子宮收縮。若這麼做也不成功，則必須進行分娩或剖腹產。

早期破水是在預產期前幾週或幾個月「破水」。這種情況比早產嚴重，因為一旦羊膜破裂，羊水流失，胎兒賴以維生的「繭」就被破壞了。通常隨之而來的是全面陣痛，並開始分娩，若沒有分娩，則可能併發子宮感染。少數案例在適當治療及幸運之神的眷顧下，羊膜會癒合，羊水重新形成，孕期持續到原訂時程。

孕婦若早期破水則必須送醫，觀察是否有感染跡象（發燒、畏寒、陰道分泌物）或胎兒窘迫（嬰兒心率增減或胎動異常）。醫生會嚴格要求她臥床休息，而且很可能會靜脈給予抗生素。如果她已懷孕二十八至三十六週，醫生會試圖以臥床休息「爭取時間」撐至預產期。如果她懷孕超過三十六週，醫生應該會選擇催產。無論如何，只要有感染或胎兒窘迫的跡象，將迅速進入分娩或剖腹產程序。

先兆子癇是一個常見但對其知之甚少的病症。據估計，全世界每年約有超過五萬名婦女死於此症。肇因於母親和胎兒之間的複雜交互影響，可能和免疫系統有關。此症較常發生在初次懷孕和患有糖尿病的婦女身上。若父母中有一人在母親肚子裡也曾引發先兆子癇，則可能提高發生的機率。奇怪的是，此症不常見於吸菸的女性身上。

先兆子癇的症狀和徵兆包括血壓上升，腳踝、腳掌、手掌和眼周水腫，煩躁、頭痛、無精打采、混亂以及蛋白尿。若不加以治療會演變成子癇（eclampsia），導致癲癇、昏迷、血壓劇升，死亡率高。

若你筆下的年輕女士出現先兆子癇，她將住院治療，醫生會嚴格要求她臥床休息，給予靜脈注射硫酸鎂，以及利尿劑和其他藥物以控制她的血壓。同樣的，醫生會試圖以臥床休息「爭取時間」，直到胎兒超過三十六週，然後才進行分娩，但更可能採取剖腹產。

最後一個選項是周產期心肌病變。名字真長。翻譯：Peri是「在……前後」，Partum是「生產期」，Cardio指「心臟」，Myo是「肌肉」，Pathy是「疾病」。合起來就是：在生產期前後發生的心臟肌肉疾病。其實不難嘛！

在心臟病學中，心肌病變有許多不同類型，但結果都是心臟肌肉虛弱導致無法正常輸送血液，也就是失去它的主要功能；醫學術語是「心臟衰竭」。衰竭的心臟不再如常地將血液輸送至全身，血壓因此降得很低，壓力在肺裡漸增，導致肺部積水並阻塞；這個病症稱為「鬱血性心衰竭」（congestive heart failure）。主要原因是高血壓、冠狀動脈疾病引起心臟病發作、攝取酒精之類的毒素，以及心臟肌肉遭病毒感染。

周產期心肌病變是一種特殊的鬱血性心衰竭。其原因不明，發病率約三千到四千分之一。常見於懷孕最後一個月到生產後五個月，母親的心肌可能變弱，導致心臟衰竭。症狀包括呼吸困難、疲勞以及下肢水腫。治療方法是多休息、控制鹽分攝取，以及服用利尿劑。有時醫生會使用毛地黃（digitalis）強化心肌。

一般而言，周產期心肌病變在懷孕最後幾週開始，於產後幾天內消失。由於會隨著每次生產而惡化，因此醫生通常不建議有心肌病變的婦女繼續生育。這種病症既無從預測，也無可避免。

在短短數天至一週，你筆下的人物會益發疲累，體重明顯增加（因為身體嚴重積水），呼吸愈來愈不順暢，腳踝腫脹，必須送醫接受治療。

若你想要這名少女留在家裡，就安排她早產。若你想讓她住院，以上四個選項都能達到目的。

## 58

### 哪種醫療急症會揭露一名年輕女性懷孕的祕密？

問——在我的故事裡，一名十六歲少女試圖隱瞞雙親自己懷孕的事情，幾個月下來都沒曝光。我想安排她的祕密以某種戲劇化且威脅性命的方式揭露。我考慮過流產，但不知道還有沒有其他會危及她性命的情況。我希望她活下來，只是受點驚嚇。

答——我想到幾種情況。

如你所說，流產是不錯的選擇。流產可以戲劇性地突然展開，也可以「斷斷續續」拖拉好幾天。你不妨安排她突然下腹絞痛、出血，然後排出胎兒組織。如果她懷孕已有數個月，排出的會是具有胎兒形狀的組織。她或許會暈倒，陷入休克狀態，症狀包括低血壓、臉色蒼白，手指、腳趾和嘴唇周圍發青，一身黏膩的冷汗。她將被帶到醫院急診室，接受靜脈輸血與輸液，然後送進手術室進行緊急子宮擴刮術。透過手術，婦產科醫生將從子宮移除任何殘餘組織。

又或者出現偶發性疼痛，持續一段時間直到流產，陰道出血則可視情況而定。同樣會被送到醫院進行子宮擴刮術。上述兩種情況，她都得住院好幾天，但完全康復的機率很高，不會造成長遠的影響，至少沒有生理上的影響。倒是心理上的影響可能很深遠。

另一種可能性是子宮外孕（ectopic pregnancy）。受精時，卵子離開卵巢，來到輸卵管口，準備下降到子宮。精子進到子宮頸口，沿著子宮頸游向子宮，再向上游進輸卵管，在此遇見正在下降的卵子。一顆精子脫穎而出，卵子就在輸卵管內受孕。受孕的卵子繼續向下降，進到子宮，並著床於子宮內膜，正式宣告懷孕。

有時受精卵在輸卵管裡「耽擱」（圖10）、受精卵仍會正常發展，就像在子宮內著床一樣持續長大。剛開始，母體出現的症狀和正常子宮內孕完全相同。她可能開始晨吐、情緒不穩、乳房脹痛，展現懷孕會出現的所有症狀。驗孕結果也呈陽性，沒有人知道或懷疑事情不對勁。然而，隨著胎兒發育成長，輸卵管無法像子宮那樣擴張，容納不斷長大的胎兒，於是終將破裂。整個過程約六至十二週。

圖10

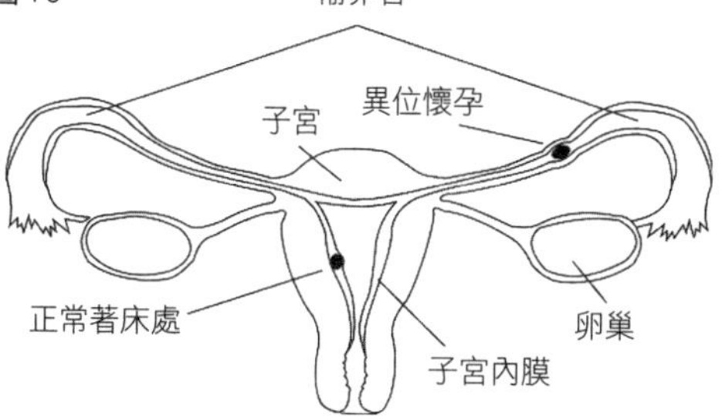


其症狀類似流產，只不過腹痛更為劇烈，而且局限在

下腹的左側或右側，端看子宮外孕發生在哪一側輸卵管（子宮內孕的下腹疼痛是在正中央）。陰道出血的情況比較輕微，有時甚至不會發生，因為輸卵管破裂的出血將滲進腹腔，而且子宮頸口不太可能像流產時那樣打開，讓血液通過。

子宮外孕通常持續腹痛數天，輸卵管才會破裂，且經常被誤認為闌尾炎，因為兩者症狀相似。但若接受骨盆檢查，即會發現左腹或右腹的輸卵管及卵巢一帶（合稱子宮附件〔adnexae〕）有明顯腫塊。如果她去看婦產科，醫生會判定她已懷孕，而且有一子宮附件腫塊，於是幫她做腹部超音波（利用音波取得腹腔內部畫面）檢查，然後確診為子宮外孕。接下來就是動手術，受影響的輸卵管將被切除，但她未來還是能受孕，因為另一條輸卵管、兩個卵巢及子宮仍完好如初。

若她沒察覺或對腹痛不以為意，疼痛將逐漸加劇，而且愈來愈頻繁，但陰道出血和「血點」的機會不大，只是輸卵管遲早會破裂。

另一個可能的情境是，擔心被父母知道的恐懼，驅使她找上沒有執照、不道德的墮胎診所，對方只管拿掉孩子，不會過問細節。當然，這需要一筆可觀的費用。不合格的醫生或護理師，乃至完全沒受過醫學訓練的人，將使用非正規設備，在未經妥善消毒（或者根本沒消毒）的情況下，替她進行某種子宮擴刮術，之後可能引發的致命性併發症不勝枚舉。

她可能因手術造成的外傷血流不止，或因子宮擴刮術做得不完全，導致「殘餘組織」

血流不止。疼痛和出血將持續數日，她變得愈來愈虛弱，導致祕密被揭穿。

她也可能承擔子宮穿孔（perforation of the uterus）的風險，這在「衣架墮胎」的年代很常見。因為用來「清除」意外懷孕的衣架，穿透子宮壁進到腹部。子宮其實很容易穿孔，所以醫生進行治療性墮胎或子宮擴刮術時總是小心翼翼。子宮穿孔非常痛苦，可能導致嚴重出血和休克，甚或死亡。用於修復或摘除子宮的緊急手術或許能挽救性命。

又或許她安然度過墮胎手術，卻在數天後併發感染。子宮內感染特別難以治療。子宮抑制感染的能力不佳，若使用未妥善消毒的器具，導致細菌進入子宮，再進到血液裡，可能引發敗血症和敗血性休克（septic shock）。敗血性休克是細菌的毒素嚴重擾亂血壓以及身體組織使用氧氣的能力所致。症狀和徵兆包括低血壓、高體溫、顫抖、混亂、定向力障礙，最嚴重可能致死（這類感染具有高致死率）。為了搶救病患，需要手術切除子宮，施予高劑量抗生素，靜脈注射類固醇以及控制血壓的藥物（多巴胺〔dopamine〕、腎上腺素或多保他命〔dobutamine〕）。

# 59

## 什麼是「波斯灣戰爭症候群」？

問——我在寫一則短篇小說，需要關於波斯灣戰爭症候群（gulf war syndrome）的資訊。目前為止，我讀到的都令人困惑，而且真實性似乎仍有爭議。請問波斯灣戰爭症候群是真有其事嗎？是什麼原因造成的，對患者有什麼影響？可以治療嗎？

答——你的困惑很合理。即使專家學者也在爭辯它的真實性，以及若真有此症，肇因為何。這是個牽涉廣泛、錯綜複雜的主題，而醫學界對此症候群還處在摸索階段。

這場爭議始自許多美軍從波灣戰爭回國後，開始出現各種不尋常的症狀。最常見的有疲勞、頭痛、記憶喪失、失眠、各種皮疹、手腳腫脹灼熱、關節疼痛腫脹、慢性咳嗽、肌肉無力、協調性喪失、四肢麻木刺痛、直腸出血，以及心悸與心律不整。這一連串症狀統稱為波斯灣戰爭症候群。

醫學上，「症候群」一詞是指某些徵兆和症狀，因為經常同時出現，而被視為一個獨特疾病，然其因果關係或生理學關係仍未確立。如同一對男女牽手走在街上不意謂著他們是夫妻，症候群的徵兆和症狀「手牽手」，但彼此是否具有「婚姻」或任何潛在關係，仍未經科學證實。波斯灣戰爭症候群也是如此。

波斯灣戰爭症候群的成因不明。有些人認為是身心症（psychosomatic），也有人認為是伊拉克軍方使用化學或生物武器所引起，或是美軍摧毀伊拉克化學武器的結果，被摧毀的地堡釋放化學製劑到空氣中，使美軍接觸到有毒蒸氣。還有一些人相信它和美軍施打炭疽疫苗與肉毒桿菌疫苗有關，也或許是用來抵抗許多已知化學武器化合物的溴化吡啶斯狄明（pyridostigmine bromide）藥片。最有可能的原因大概是綜合上述推測。也就是說，這些不良症狀，可能源自美軍接受的疫苗和藥物治療，再加上化學和（或）生物製劑中毒。

當時伊拉克軍方擁有的有毒化學製品包括沙林（Sarin）、梭曼（Soman）、塔崩（Tabun）、VX、氰化氫（hydrogen cyanide）、氯化氰（cyanogen chloride）、芥子氣（mustard gas）、二乙醇硫醚（〔thiodiglycol〕芥子氣的先驅化學製品）、路易士毒劑（Lewisite）等許多製劑。可能使用的生物製劑則包括肉毒桿菌毒素和炭疽。

沙林、梭曼、塔崩和VX是強大的神經毒素，作用迅速，破壞中毒者的神經系統。由於許多波斯灣戰爭症候群的症狀為神經性的，很可能和這些化學製品脫不了關係。芥子氣、二乙醇硫醚、氯化氰和路易士毒劑可破壞皮膚和肺部；肉毒毒素和炭疽可造成嚴重神經系統缺陷。而上述提及的疫苗和溴化吡啶斯狄明也具有神經性的副作用。

不幸的是，絕大部分被認定、認為或推測造成波斯灣戰爭症候群的因素，僅有薄弱的科學證據。簡言之，現在下定論還太早。這個領域的研究還在進行中，解藥或有效的療法也尚未出現。

# 2 各種謀殺和故意傷害手段

## Methods of Murder and Mayhem

# 槍枝、刀械、爆裂物和其他致命武器
The Effects of Guns, Knives, Explosivs, And Other Weapons of Death

## 60

### 電擊棒能做為謀殺工具嗎？

問——我在書中安排凶手在擁擠人群中殺死受害者。我的想法是讓凶手使用電擊棒。儘管電擊棒照理不會致命，但假設今天受害者有心臟方面的疾病，或裝有心律調節器，而且遭電擊的時間比一般要久，有沒有可能因此喪命？

答——有趣的問題。

你的推測沒錯，電擊棒不是致命武器，奪走一名健康正常人性命的機率微乎其微。電擊棒和泰瑟槍（Taser）發射出高電壓、低電流的電擊通常約五萬伏特，有些高達三十五萬伏特，將造成肌肉劇烈收縮，痛苦至極。多數人會癱倒在地，痛苦地扭動。有些「個性強悍」的人能把泰瑟槍的電極拔掉，或將攻擊者手持的電擊棒打落在地。塊頭愈大、脾氣愈火爆的人，或服用如ＰＣＰ（苯環利定）、甲基安非他命等特定毒品者，比較有機會抵擋電流的影響。

心律調節器由起搏器（pulse generator）以及連接調節器與心臟的導線所組成（圖11）。調節器通常安裝於鎖骨正下方，從胸壁可見一個錶盤大小的隆起。導線穿過位於鎖骨正下方的鎖骨下靜脈，然後沿著上腔靜脈來到心臟的右側，並進入右心室下端。這樣導線和起搏器就接上了。唯有直接對準起搏器，電擊棒的電流才會將電子電路「煎熟」，以致永久地破壞心律調節器。要達到這個目的，攻擊者必須將電擊棒抵住受害者胸口，或以泰瑟槍直接穿透調節器上方的皮膚，否則調節器不太可能被破壞。

話雖如此，電流會嚴重干擾調節器的感應功能，導致調節器在心臟停止時，以為心臟正在跳動。調節器是一種「需求裝置」（demand device），也就是說它「讀取」心臟電流數據，只在心臟沒有電流活動時「發射」。若心臟正常跳動，調節器感應到電流，就不會輕舉妄動，只會「靜觀其變」。

然而，多數裝有調節器的人並非所謂的

圖11

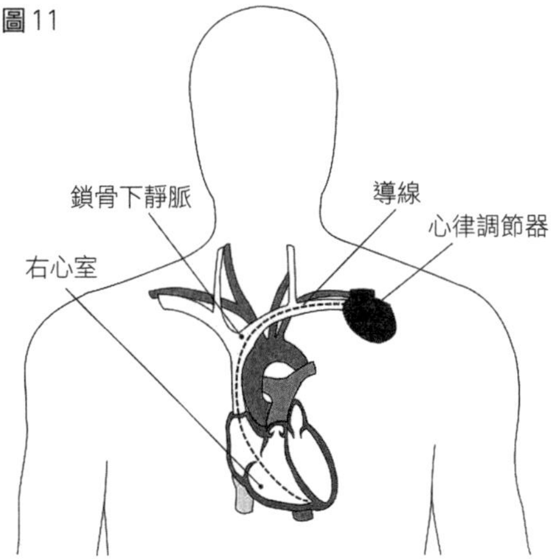

「調節器依賴者」。調節器依賴者意謂著已失去自然心律或心律過慢，如果沒有調節器，心率將會降至非常低的程度，每分鐘三十下或不到，而可能有生命危險。多數人裝調節器是做為心率間歇性減慢的「安全網」，因此干擾調節器的感應功能仍不足以致命，這些患者的自然心律可以維持生命。

用電擊裝置殺死裝有心律調節器的人不無可能，只是機率不高。

至於心臟疾病患者，若罹患的是冠狀動脈疾病或某種需要藥物控制的心律問題，遭受電擊的疼痛和驚嚇，可能引發心臟病發作或嚴重心律不整。疼痛、驚嚇、恐懼和憤怒，使腎上腺釋放腎上腺素到血液裡，會造成心率和血壓直線飆升，有可能演變成心臟病發作，或引發致命的心律變化。

如果凶手知道受害者有心臟病史或「心臟方面的毛病」，好比他每天都會心絞痛發作，或在身心壓力較大時頻繁使用硝化甘油，就能合理推測泰瑟槍之類的攻擊，能使受害者喪命。只要事先鋪陳這些背景，你的謀殺手段完全可行。

# 61

## 遭到電擊棒攻擊會發生什麼事？

問——我的小說裡有個人物遭到電擊棒攻擊。請問會發生什麼事？她會失去意識嗎？她過多久才能站起來？她會記得遭人攻擊嗎？

答——電擊棒是手持的接觸裝置，攻擊者需要將「電擊口」接觸受害者的皮膚，而泰瑟槍是手持的「投擲」裝置，會射出由電線與手持裝置相連的一對「飛鏢」。飛鏢穿透皮膚，甚至能穿透某些衣物。絕大多數市面上販售的裝置，電線長度約十五吋（約四公尺半）。

兩者皆輸出高電壓、低電流的電擊，藉由使全身肌肉收縮，癱瘓受害者。不同種類的裝置電壓範圍介於五萬至三十萬伏特不等。某些泰瑟槍的初始攻擊持續五至十秒，接著是一連串較短、累積總長約三十秒的攻擊。這些細節因製造商和裝置不同而有差異。

受害者遭受的傷害不是永久性的，不過可能需要好幾分鐘才能從電擊的驚嚇中恢復。受害者通常會倒地不起，然後隨著肌肉收縮，背部會拱起，四肢「抽搐」，好像癲癇發作，醫學上稱為強直陣攣發作。她可能會痛得大叫或哀嚎，但不太可能做出任何有意義的動作，譬如站立、跑步或爬行。幾分鐘之後，她將恢復「正常」，或許多了幾分警戒，不過能夠活動自如，不會留下後遺症。受害者不會失去意識，而且對事發經過和痛苦的感受記得一清二楚。

# 62

## 「炸藥桿」造成的傷口看起來是什麼樣子？

問——若以對付鯊魚的「炸藥桿」(bang stick)做為殺人武器，傷口會是什麼樣子？瞄準身體哪個部位最容易致命？

答——炸藥桿基本上是一種前端裝有爆炸性彈藥的桿子，最常見的是霰彈。這種裝置被用來防禦鯊魚及狩獵鱷魚，使用時將前端對著目標發射。有些炸藥桿的炮彈內留有彈丸，因此作用就像獵槍。有些炸藥桿的炮彈裡沒有彈丸，傷殺力則來自火藥爆裂的衝擊力。

傷口屬於「接觸型」(參見後面的提問——「近距離槍傷的傷口看起來如何？」)。若有彈丸，傷口看起來就像被獵槍抵著皮膚扣下板機，迅速擴散的氣體將皮膚爆開，呈現星狀撕裂，並且穿透表層進到組織，造成嚴重破壞。

若沒有彈丸，傷口將完全由擴散的氣體所致。其結果取決於接觸的位置。例如緊貼顱骨射擊，爆裂的氣體將橫向擴散出去撕裂組織，留下常見的星狀傷口。若對準較柔軟的組織，譬如腹部，傷口看起來也許仍是星狀，不過通常較深而窄。

確保受害者斃命的最佳位置，應該是太陽穴。

## 63

### 電擊棒會電到接觸受害者的人嗎？

問——我的故事中有一幕是沒有痛覺的人物倒在地上，被警衛持警棍和電擊棒痛毆。在纏鬥之際，一名警衛用電擊棒電他。若使用電擊棒的警衛和該名男子有身體碰觸，他是否也會遭電擊？和他有肢體碰觸的其他警衛也會被電到嗎？

答——以上兩者都是肯定的。

任何人碰觸遭電流攻擊者，都會連帶遭殃。這就是為什麼在進行心肺復甦術時，醫護人員在按下釋放電流的按鈕前，總是會大喊「clear」（清空），我想你在影集裡肯定看過。否則，負責按壓胸口、測量血壓，或出於任何原因觸碰病患的人，都會遭去顫器的電流電擊。

現今許多患者都裝有植入式心律去顫器（就像把急救護理人員裝在盒子裡），這是一種置於胸口皮膚下，以電極線連接心臟的裝置。這些裝置監控患者的心律，一旦出現潛在致命的異常節奏，便從內部對心臟施予電擊，以期恢復正常心律。而放電之際，若觸碰病患，會感到一陣輕微電擊。不會構成傷害，也不會疼痛，但明顯感覺得到。

# 64

## 若患有心臟疾病的人頭部遭重擊，致命性會不會增加？

問──我安排故事裡一名上了年紀的男人頭部遭拐杖重擊，倒地身亡。請問一記重擊是否足以殺死心臟有毛病的人？周圍會留下大量血跡嗎？我希望不要，因為我想要保持現場整潔。

答──以拐杖或任何物品朝頭部一記重擊，確實有可能致人於死，尤其受害者是年長者。年長者特別容易因為跌倒或頭部撞擊而顱骨骨折，因為他們的骨頭較為脆弱。即使沒有骨折，顱內出血也有可能致命。

顱內出血有時會立即死亡，有時則沒那麼快，視攻擊力道、大腦受傷區域，以及出血速度和出血量而定。若受害者大範圍顱內出血，又在好幾個小時後才被發現，保證必死無疑。

對於患有嚴重心臟疾病的人來說，遭受任何形式的攻擊，皆足以引起心臟病發或心律不整猝死，原因是這類攻擊帶來的恐懼和疼痛使得腎上腺素噴發。不過根據你的劇情，單一記重擊就能讓受害者喪命。頭部重擊往往會撕裂頭皮，造成大量出血。然而，外部僅有頭皮瘀血或擦傷的情況也很多，如此出血量就不大了。無論如何，受害者可因大範圍顱內出血而死。你想要「保持現場整潔」，絕對沒問題。

# 65 在食物裡添加玻璃粉末能致人於死嗎？

問——我筆下一名遭受家暴的婦女決定在鹽罐裡添加毛玻璃謀殺丈夫。請問要加多少才能達到目的？需要持續一段時間嗎？若丈夫有潰瘍能否加快死亡的腳步？

答——先說個壞消息，這辦法不太可行。

玻璃必須研磨得非常細緻，否則受害者吃到一定會發現。咀嚼時，即使再小的礫石、沙子、玻璃、軟骨等，人都能感覺得到。鹽巴會溶解，玻璃不會，因此食物吃起來會像沾到沙子。除非將玻璃研磨得極細緻，可是如此又不足以對胃腸道造成致命傷害，頂多受刺激輕微出血。若你能讓受害者吃下更粗粒的玻璃，譬如壓碎而不是研磨的玻璃，其碎片便能損傷胃腸，造成出血。這辦法恐怕只有用在狗身上可行，因為牠們不太咀嚼食物，而且習慣啃咬骨頭和軟骨，根本不會察覺玻璃的存在。牠們將具殺傷力、較大塊的玻璃囫圇吞下肚，遊蕩到某處，緩慢出血至死。人類會察覺食物有異，就算沒發現，也懂得就醫治療出血。

即使較粗粒的玻璃，也不至於造成大量或危及性命的出血，而是緩慢出血，使人貧血，感到疲勞。糞便因出血呈黑色，受害者一定會去看醫生。沒錯，潰瘍將加重傷勢，因為這代表受害者有兩個潛在出血點，不過只有潰瘍具備使人性命垂危的出血潛力。我不認為玻璃粉末對現存潰瘍的損害，足以引發嚴重出血。

現在說個好消息。

倘若被害者有冠狀動脈疾病之類的嚴重心臟問題，而且曾有多次心臟病發作（心肌梗塞）的病史，如今仍時不時出現心絞痛（心臟造成的胸痛，源自血液供應不足，通常給人一種悶塞或受擠壓的感覺），那麼緩慢出血導致的貧血，有可能引發心臟病發作，使他一命嗚呼。

罹患冠狀動脈疾病的人，負責供血至心臟的動脈因動脈粥狀硬化（atherosclerosis）變得狹窄。這意謂著流向心肌的血液，因動脈阻塞而減少。貧血則是血液中的紅血球細胞數量減少。由於紅血球細胞負責攜帶氧氣，貧血的人血液攜氧量偏低。若兩者一起發生，不僅流向心肌的血液因動脈阻塞而減少，心肌得到的血液含氧量又不足，將引發生命危險。這種情況在醫院很常見，患有冠狀動脈疾病和輕微心絞痛的病患健康狀況很不穩定，若因出血性潰瘍或其他因素而貧血，甚至會導致心臟病發作或死亡。

隨著貧血持續發展，心絞痛將進一步惡化，既然他是個施暴的混蛋，大概不會去看醫生。他的心絞痛發作愈來愈嚴重，愈來愈頻繁，每次發作都有機會演變成心肌梗塞，奪走他的性命。醫生只要聽到他的妻子說，丈夫死前心絞痛愈來愈厲害，卻不願就醫，最後抓著胸口倒地，氣絕身亡，他應該會直接開立死亡證明。如此一來便不會驗屍，法醫永遠不會發現他貧血的原因和胃腸道裡的玻璃，她可以好好過日子。

所以，玻璃粉末行得通，只不過無法直接取其性命。

## 66

### 用枕頭悶死一個人需要多久時間？

**問**——我筆下的受害者死於窒息——枕頭蓋臉。這麼做需要多久時間？她是個上了年紀的婦人，不特別強壯，因車禍失去雙腿住在護理之家。我原以為這是能迅速殺死她的方式，後來才知道可能需要長達十分鐘的時間。這是怎麼回事？我需要重寫嗎？

**答**——不，你不用重寫。

年長女性在二至五分鐘內就會斷氣，而且應該比較接近這個範圍的下限。身強體壯的年輕受害者或許能負隅頑抗一陣子，因此窒息變得「斷斷續續」。也就是說，受害者可能多次成功把枕頭推開，於是能吸進幾大口空氣。他將如此間斷地呼吸，直到血液含氧量明顯下降，變得虛弱無力、失去意識，最終死亡。你筆下的老婦人會掙扎，但大概不足以把枕頭從臉上推開，因此恐怕連一口氣都吸不到。更何況，她兩腿都斷了，根本沒有太多施力點。

她因為掙扎外加驚嚇至極，血液中的氧氣迅速消耗，加快死亡的腳步。此外，年長受害者很可能有程度不一的心肺疾病，進一步降低她對缺氧的耐受能力，頂多撐個兩、三分鐘。

她將因心肺停止而死亡。倘若沒有外傷，家庭醫生會判斷她是自然死亡，因為每天都有長者在「睡夢中」辭世。更何況她是車禍後住進護理之家，她的醫生大概會以為她是死於心臟病發或肺栓塞（pulmonary embolism, PE）。肺栓塞是從腿部或骨盆流到肺部的血塊所致，是臥床不起和下肢受傷的患者常見的死因。你筆下的老婦人同時擁有兩項肺栓塞的風險因子，她的醫生應該會開立死亡證明，事情就此結束。

不過，若法醫進行解剖，應該會看見眼結膜有典型的點狀出血（微小的毛細血管破裂所造成的紅點和小斑點）。窒息、勒死與絞刑的死者，都會顯現這個特徵，法醫一旦發現點狀出血，就會懷疑死者為他殺。

## 67

### 如何用冰鑿從頸背殺死一個人？

**問**——殺手將冰鑿刺進男子的頸背，就在顱骨正下方，對方當場斃命。請問這可能嗎？要怎麼做？

答——由於生命仰賴大腦和身體之間溝通無阻，頸部一帶的任何脊髓外傷都有潛在致命的危險。若將冰鑿或刀刃強行插進兩個頸骨（頸椎）之間，切斷或毀壞脊髓，受害者必死無疑。頸部脊髓分成八層次（level），相當於七節頸椎，八對神經（C1到C8）。

儘管脊椎任何一節受傷都有機會致命，但愈往上愈萬無一失。為什麼？C3到C5的頸椎控制呼吸，這一帶受傷，將使受害者呼吸停止而死亡。

你的筆下的殺手若能將凶器瞄準第二和第三節頸椎之間（圖12）最好。

圖12

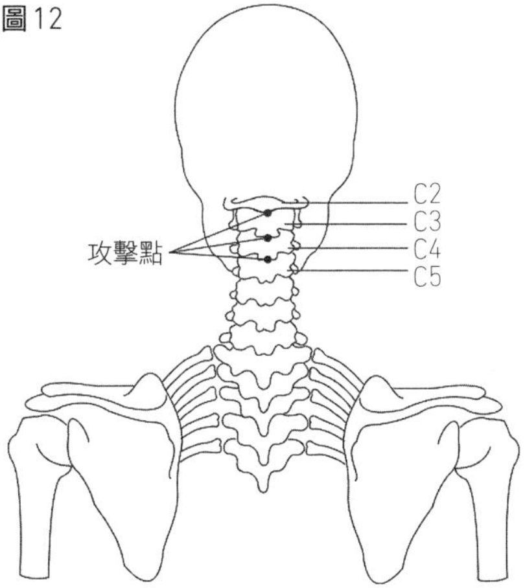


其實就是顱骨和頸部接合處正下方，頸背上的那個小小凹陷處，從這裡戳一刀，等於分離了大腦與脊髓，也就是將大腦和身體分開。你可以把它想像成「局部」斷頭台，在不砍掉整顆腦袋的情況下切斷脊髓，兩者效果相同。

脊髓遭橫向切段，身體所有肌肉將立即癱軟，受害者倒地不起。他無法說話或呼吸，因為通往橫膈膜的神經（從C3到C5延伸）將停止運作。此外，隨著身體失去活力，血管將迅速擴張，造成血壓下降，休克、失去意識及死亡接踵而至。

受害者會不會保有幾秒鐘的意識？或許，但他虛弱得像個稻草人，無法移動、說話、呼吸或求救，幾乎是當場斃命。

# 68

## 一把刀所能造成最致命的傷口為何？

問——我筆下慣用右手的殺手，持六吋（約十五公分）刀刃（非常鋒利）「一刀」殺死一個人。我知道受害者可能陷入休克後立即喪命，但我不知道刀子該揮向何處才有這個效果？驗屍報告的死亡原因會是什麼？

答——根據你的問題，我假設你希望受害者盡速死亡。有幾種可能性。

職業殺手有辦法將刀刃對準頸椎，一刀切斷脊髓。通常是從背後攻擊。他們一手摀住受害者的嘴，熟練地將刀刃猛力插進頸背的骨頭之間。受害者癱軟、倒地，幾乎是當場喪命。

殺手也能從類似的位置朝受害者的脖子劃一刀，切斷頸動脈和氣管（圖13）。由於頸動脈負責供應通往大腦的血液，受害者將迅速死亡，而切斷聲帶下方的氣管可避免受害者發出聲音。妮可・布朗・辛普森（Nicole Brown Simpson）就是這樣死的。

朝心臟猛刺，多數時候能致人於死，而且頗為迅速。若想重傷主要動脈，肺部也是很好的下手點。但有些受害者胸部、甚至心臟遭刺後，仍有辦法求救。

朝腹部揮砍或戳刺，劃破主動脈或腔靜脈也能成功致死。不過主動脈和腔靜脈都在腹部內側，六吋的刀刃可能傷不到它們，若殺手體格強壯，將刀子朝受害者使勁猛刺，而不是揮動刀刃，或許還有機會。由於受害者最後是流血至死，因此需要等上幾分鐘的時間。

切斷頸部脊髓、割斷喉嚨或一刀刺向心臟，是最有效的手段，而且殺死受害者的機率也最高。

圖13

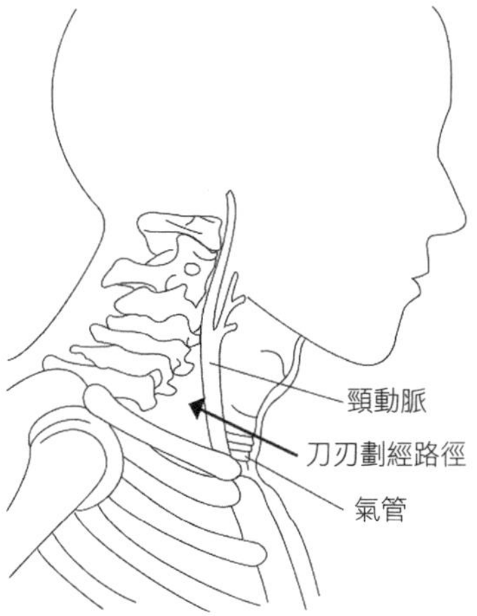


法醫或驗屍官立刻就能判定死亡原因。斷頸稱為「頸部脊椎橫斷」。割喉換成專業術語為「頸動脈橫斷」。心臟遭刺導致血液充滿心包腔（〔pericardium〕包覆心臟的囊袋），進而壓迫心臟，干擾其功能，稱為「貫穿刀傷導致心包填塞致死」。腹部遭刺會造成「主動脈（或腔靜脈，或主動脈和大靜脈）穿孔的貫穿腹部刀傷導致放血致死」。

恐怖吧？

# 69

## 背部刀傷要傷及哪個部位才會致命？

問——我筆下的偵探進到辦公室，發現她的老闆背上插著一把拆信刀，奄奄一息。肺部或周圍有動脈嗎？若受害者背部遭刺，而且正中此動脈，是不是真的會溺斃在自己的血裡？受害者有辦法出聲，提供偵探不可或缺的神祕線索嗎？如果沒有刺傷動脈，而是刺傷其中一個肺，足以致死嗎？

答——首先來複習簡單的解剖學和生理學。肺的功能是交換氣體。簡單來說，就是將氧氣送進血液，然後移除血液裡的二氧化碳和其他毒素。為達此目的，血液和空氣必須近身接觸。肺裡有無數微小肺泡，以及環繞這些肺泡的無數血管，使血液和空氣得以接觸。

身體的基礎循環系統分成體循環和肺循環（圖14）。體循環是左心室將血液打出主動脈，進到身體的各個動脈，最終抵達每個器官、角落、縫隙，緊接著血液從靜脈回流至心臟的右側。肺循環是右心室將這些血液打向肺動脈，肺動脈不斷分岔成愈來愈小的血管，像扇子般分布到肺的每一處。待血液獲得氧氣，再從肺靜脈流向左側心臟及左心室。

上述有兩個事實對你的問題很重要。首先，體內所有血液必須要持續進行肺循環，

圖15

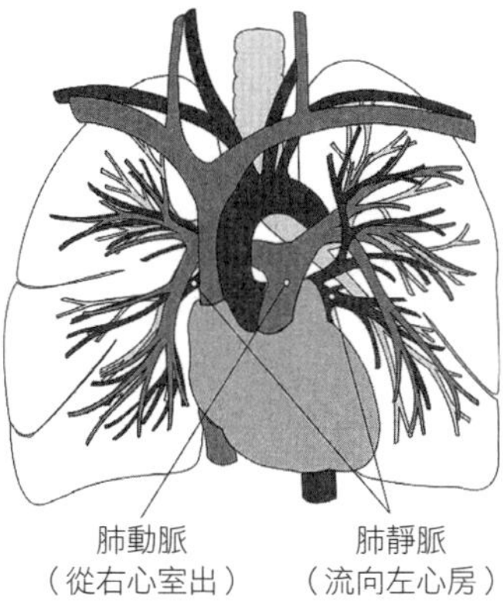


圖14

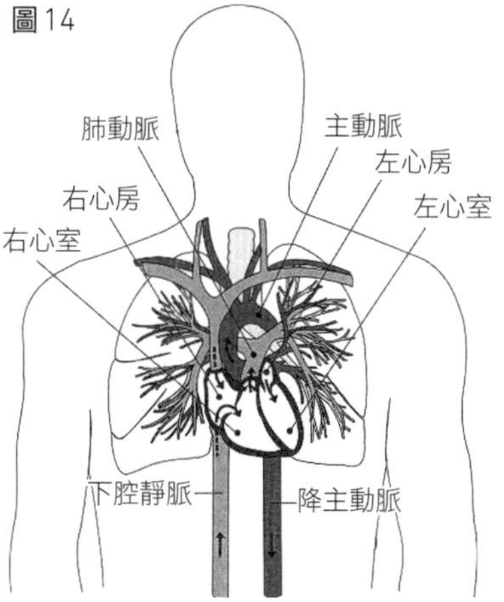


因為肺是將不可或缺的氧氣送進血液的唯一管道。再者，肺就像身體其他器官一樣，接收部分體循環的充氧動脈血，維持肺臟組織的運作。因此，肺臟是血管密布的（動脈、靜脈和微血管）器官，一旦受傷將大量出血（圖15）。

言歸正傳。刀傷和槍傷造成的肺部穿透傷，將導致出血進到肺部，然後從口鼻流出。從口鼻流出的血是鮮紅色的，而且因受害者試圖呼吸，而與進出肺的空氣混合呈泡沫狀。當肺部充滿血液，受害者將不折不扣地溺斃在自己的血裡。受傷的肺不一定會塌陷，若是塌陷，受害者會加倍掙扎，試圖呼吸。

只要肺還能吸吐空氣，受害者就可以發出聲音，所以他能提供偵探線索。這個偵探要是夠精明，他會將受害者翻面，讓受傷的一側朝下，利用地心引力當他的盟友。

舉例來說，若受害者左肺遭刺，但身體朝

右側躺，從受傷左肺流出的血液會受地心引力支配，從左支氣管（離開氣管進入左肺的主要氣道）流向右支氣管，然後進到右肺。因此，「好的」肺將充滿血液，導致受害者兩個肺都陷入危險，加速死亡。要是偵探將受害者翻向左側側躺，地心引力會把血液留在已經受傷的左肺，完好無損的右肺便不會被血液浸滿，並能持續正常運作。這個舉動有機會幫受害者撿回一命，最起碼能延遲死亡，幫助偵探取得重要線索。

# 70

## 一個人頸部遭受刀傷或槍傷會發出什麼聲音？

問——我安排筆下人物循聲進入一個大門敞開的房間，發現一具屍體。請問若受害者頸部中彈是否會發出嘶嘶或咯咯之類的聲響？中彈後聲音能持續多久？

答——簡單來說，是的。

槍傷或任何其他類型的穿透傷（刀、箭、斧頭、開山刀等），受害者皆可能發出這些聲響，但前提是傷口貫穿肺部或其中一個氣道。你所描述的聲音，來自空氣通過血液之類的液體。實際情況就像是用風箱將氣體打進濃稠的液體裡。

溺水或是心臟衰竭、中毒（如氯氣或其他刺激性氣體）引發的肺水腫（〔pulmonary edema〕肺積滿水），或某些特定情況，受害者也會發出相同的聲響。再說一次，聲音來自空氣不斷通過液體，基於什麼原因並不影響。

喉嚨槍傷或刀傷，以及貫穿胸口進到肺部的槍傷或刀傷，皆能造成這些聲響。血液湧進氣道（氣管和支氣管），受害者試圖呼吸造成空氣進出，將產生類似冒泡或咯咯的聲響。若你筆下人物經過房間時聽見這些聲音，代表受害者還活著，而且正試圖呼吸。你可以安排他聽到受害者嚥下最後一口氣，然後發現一具屍體。

從受傷到死亡的時間長短充滿了變數，取決於傷口性質、位置和深度，以及受害者的年齡、體格和健康狀況，但兩種因素相比，前者較後者重要。受害者在受傷後幾分鐘或幾小時內斷氣，就交由你決定。

# 71

## 要讓一個喝醉的人昏迷兩天，應該朝他的哪個部位開槍？

問——我安排筆下的邪惡壞蛋朝一個爛醉如泥、昏睡不醒的人開槍。由於不是職業殺手，他朝男子開槍後，心想對方肯定沒命了，便離開犯案現場。

我的問題是：假如幾個小時都沒人發現受害者，他仍可能保有生命跡象且持續昏迷一到兩天嗎？有可能的話，我應該安排他被射中身體的哪個部位呢？

答——你描述的情境有可能發生。持續昏迷兩天不可能是酒精的作用，因為身體會迅速代謝（分解）酒精，受害者理當在幾小時後清醒。若他喝下肚的酒精足以「把他放倒」整整兩天，他將因大量攝入乙醇的抑制作用，在短時間內死亡。

身體多數部位中彈都不會造成昏迷兩天，但頭部槍傷就有可能。彈頭可以射穿顱骨傷及大腦（後續包括動手術以及長時間的康復期等），或者只是傷到頭皮造成腦震盪，顱骨骨折則可有可無。腦震盪可能造成短暫失去意識、定向力障礙、混亂及失憶，你可以根據故事需求調整組合這些症狀。

這類震盪性外傷可使人昏迷兩天，但比較常見的情況是數小時，然後在接下來兩天，受害者的症狀可能從嗜眠狀態（想睡而且醒不來）到意識混亂且定向力異常，短暫清醒且頭腦逐漸清晰，再到完全清醒且記憶絲毫未損，或對事發經過全無記憶，或僅記得「片段」。受害者甚至可能出現逆行性失憶，也就是失去槍傷「之前」的記憶。逆行性失憶可能僅追溯數分鐘、數小時，但曾有極端個案永久失憶。

我認為這類槍傷最適合你設定的情境，而且完全合理。你可以安排彈頭埋進頭皮下方（外科醫生可在局部麻醉的情況下將彈頭取出）或擊中顱骨反彈，完整地離開頭皮。當受害者被人發現昏迷不醒，他將立即被送往醫院急診室，由急診室醫生和外科醫生負責診治。

照X光即可確認顱骨是否骨折，彈頭是否進入顱腔，或者彈頭穿出後是否有彈片殘留在頭皮裡。若彈頭未進到顱腔，或顱骨並未骨折，外科醫生會取出彈頭和所有彈頭碎片，清理並包紮傷口，然後可能會將手術引流管（一根短短的軟橡膠管）置於傷口內，讓傷處的體液排出體外，以降低感染的發生率。縫合這種「骯髒傷口」（dirty wound）會使體液聚集在傷口內。這些液體是很好的培養皿，能助長傳染性病菌滋生。

受害者將住院數日，接受靜脈注射抗生素治療。醫護人員將檢查傷口是否有感染跡象（紅腫、疼痛、化膿），清理傷口，然後重新包紮，每日至少兩次。幾天後，引流管拔除，腦震盪解除，受害者基本上回歸正常。

## 72

### 大衛是怎麼殺死歌利亞的？

問——我想問個有趣的問題，是關於大衛和歌利亞的搏鬥。除了《舊約聖經》以外，就我所知沒有其他歷史記載。我想請你幫我釐清這場搏鬥的醫療細節。大衛投擲的石頭顯然沒有殺死歌利亞，只是將他打昏，為自己爭取時間把他的頭割下。其中最誘人的一個細節是石頭砸進他的額頭（不是太陽穴）。參見〈撒母耳記〉十七章，四十八至五十一節。請問歌利亞在被石頭砸中之前到頭被大衛割下，中間發生了什麼事？

答——好問題。

根據〈撒母耳記上〉對這場短暫搏鬥的描述，石頭嵌入歌利亞的額頭，然後他就「仆倒，面伏於地」。頭部被石頭擊中，輕則疼痛，重則致人於死。在輕重之間，也有腦震盪的可能，就像打拳擊，一記左勾拳可能把人「打得眼冒金星」，也可能使對手不省人事。

一般而言，諸如石頭之類的東西會造成「鈍性傷」，相對於彈頭造成的「穿透傷」。頭部鈍性傷不一定造成顱骨骨折、失去意識、腦內出血，甚或致人於死。

穿透性頭部損傷意謂著物體在顱骨造成缺口，或者穿透顱骨。這是比較嚴重的外傷，因為大腦直接受到物體損傷。這類穿透傷會讓顱骨「破裂」，但不一定使人失去意識、腦內出血以及死亡。

這類創傷基本上只能聽天由命。我看過一名工安意外受傷的男子，他被研磨機飛出來的金屬圓盤擊中前額。他當場昏厥，不過很快就恢復了意識。抵達醫院時，他的前額插著一塊圓盤，彷彿遭迷你小飛碟攻擊。經過進一步檢查，我發現圓盤前緣已穿透他的顱骨，嵌進他的大腦。但他的意識清醒、具警覺性，而且神經系統無異狀。神經外科醫生將圓盤移除後，他恢復良好，沒留下後遺症。他當初有沒有可能當場死亡呢？有可能。他當初有沒有可能腦出血需要動更大的手術，或者死於併發症呢？有可能。他當初有沒有可能大腦永久性損傷？有可能。重點是，什麼都沒發生。老天保佑。

現在回到大衛和歌利亞的問題。〈撒母耳記上〉十七章四節，提到歌利亞身高「六肘零一虎口」。許多專家認為一肘大約十七吋，一虎口約九吋，這意謂著歌利亞超過九呎高（約二百七十四公分）。若故事屬實，不僅是寓言，歌利亞很可能患有巨人症（gigantism）和肢端肥大症（acromegaly）。這些症狀通常是腦下垂體（pituitary gland）腫瘤所致，也就是腦下垂體分泌過多生長激素。生長激素主要促進骨頭和肌肉增長、變厚。在青春期以及骨頭裡的骨骺（生長板）關閉之前，患有此病的人會長得非常高，而且手長腳長。等到骨骺關閉後，骨頭不能再增長，但在過多生長激素持續影響下，會變得愈來愈粗。尤其是手、腳、下巴和額頭。肢端肥大症患者的手和手指粗厚，下巴方正如鏟，額頭突出得好像懸掛在眼睛上方。還記得職業摔角選手巨人安德烈（Andre the Giant）嗎？他就是完美的範例。如同安德烈，歌利亞應該是年幼時罹患腦下垂體腫瘤，長得很高，接著在青少年時期和二十多歲時，未消退的過多生長激素使他變得又粗又壯。

若歌利亞確實患有肢端肥大症，大衛的石頭很可能嵌進巨人額頭，但並未穿透顱骨。換句話說，巨人歌利亞受到鈍性傷，因震盪性衝擊（concussive blow）而眼冒金星或失去意識，直到大衛用刀將他的脊髓切斷後死亡，如同法國的斷頭台。

當然，如果大衛投擲石頭的速度夠快（無論有沒有上帝之手助他一臂之力），投擲物有機會穿透顱骨，造成穿透性頭部損傷。巨人有可能死於這個外傷，或之後的砍頭。

描述搏鬥的段落語意模糊。五十小節寫道：「這樣，大衛用機弦甩石，勝了那非利士人，打死他。」五十一小節寫到：「大衛跑去，站在非利士人身旁，將他的刀從鞘中拔出來，殺死他。」他究竟是用石頭還是刀殺死巨人？大衛是先用石頭「戰勝」歌利亞，然後才用刀殺死他嗎？

我推測大衛投擲的石頭嵌進了歌利亞的額頭造成鈍性傷，使歌利亞失去意識或起碼意識不清，但石頭並未貫穿顱骨，接著大衛取其首級，結束了他的性命。但我也可能是錯的。

# 73

## 頸部遭刺還能說話嗎？

問——一個人脖子中彈或被刺傷有可能在……呃……掛點前，吐出可理解的隻字片語嗎？

答——有可能。除非喉頭（音箱）或聲帶遭到破壞，或喉頭、聲帶下方的氣管被割斷。喉頭俗稱「亞當的蘋果」，聲帶在喉頭內的氣道橫向延伸。聲音需要空氣以足夠的體積和速度在聲帶間流動，使之震動，才能產生聲音。若聲帶嚴重受損，就不可能發出聲音。

同樣地，若聲帶下方的氣管被割斷，肺部吐出的空氣從傷口離開身體，通過聲帶的空氣就不足以造成震動及聲響（圖16）。

圖16

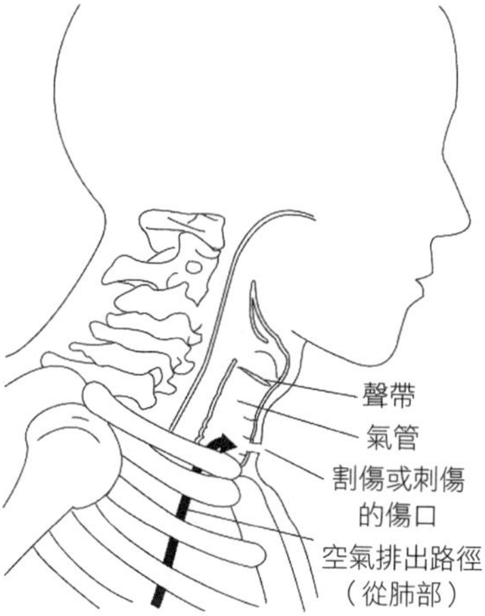


喉頭受到損傷或患有嚴重肺疾需要永久性氣管切開術(〔tracheotomy〕在喉頭下方的氣管開一個洞)的人,必須先塞住氣切造口才能說話,否則空氣從造口排出,永遠無法經過聲帶。這和上述傷口是類似的情況。

若聲帶與氣管完好無損,發出聲響和說話都不成問題。即使充滿泡泡、溼漉漉、粗糙刺耳,還是聽得懂。

# 74

## 毒物和藥物
## Poisons And Drugs

### 有沒有藥物或毒藥能佯裝死亡，好讓受害者逃過一劫？

問——有沒有哪種藥能造成近乎死亡的狀態，導致「不夠謹慎」的醫生宣布死亡，但受害者卻在醫生離開後恢復正常？如果有的話，要怎麼使用這種藥物？藥效能維持多久，有沒有解藥？

答——你一定會愛死這個答案。殭屍粉（zombie powder）。不要懷疑，就是殭屍粉。

它其實是白點叉鼻魨（學名：*Arothron meleagris*）的毒素，又稱河豚毒素（tetraodontoxin或tetradotoxin，兩種拼法我都看過；也可縮寫成TTX），源自河豚的卵巢。這種毒素無法經由烹煮破壞，不過若先將內臟清除，魚肉本身是無害的。

在日本，河豚肉經處理後僅殘留微量毒素。日文念做「フグ」（fugu），被視為珍饈美饌。殘餘的毒素劑量極低，食用者會感到微微發熱與刺痛。然而魚肉處理不容許瑕疵，否則可能致命；有點像美食版的俄羅斯輪盤。廚師必須經過特別訓練，取得專門執照，即使如此，仍偶爾出錯。日本就發生過好幾起河豚中毒死亡的意外。

在海地，河豚毒素用於特定巫毒儀式。像是把農工和其他人變成「殭屍」。可以將它灑在受害者的皮膚上或摻進食物裡，經由皮膚或胃腸道吸收，約莫幾分鐘到四個小時就會發生作用。河豚毒素基本上是一種神經毒素（影響神經系統），會造成癱瘓、說話困難、呼吸緩慢微弱，以及心率下降、脈搏遲緩。受害者貌似死亡，確實也離死亡不遠。受害者不僅皮膚冰冷蒼白，呼吸緩慢微弱，甚至感覺不到脈搏，旁人很容易以為他已經死了。

在未經治療的情況下，若他活過二十四小時，則會在接下來的兩到三天逐漸恢復。為了預防大腦受損（見下述），受害者必須住院接受給氧和藥物治療以維持血壓，直到毒素作用消退。

要怎麼讓人變殭屍？很簡單。把一點殭屍粉撒在受害者的食物或鞋子裡面。他將感到暈眩、呼吸困難、無力，然後倒下。緊接著把他抬到淺溝，用樹葉覆蓋，大約十二小時後回來查看。他會變成一個平靜、容易控制又聽話的農工。

這種情況稱做「缺氧性腦病」（anoxic encephalopathy），也就是缺氧所導致的腦部傷害。溺水、心跳驟停、一氧化碳中毒，以及任何原因導致的窒息，對大腦都會造成同一類型的損害。以河豚毒素中毒為例，低於正常值的心率和血壓，加上呼吸減慢，使血中含氧量急遽下降，導致大腦受損。有點像是新陳代謝版的「前額葉白質切除術」（frontal lobotomy）。在電影《飛越杜鵑窩》裡，傑克・尼克遜（Jack Nicholson）所飾演的角色就動了這個手術。

一九八〇年代，我有位病人就是殭屍粉的受害者。根據喬（化名）的說法，他在海地擁有一間卡車車軸工廠，綽號「娃娃醫生」的讓・克洛德・杜瓦利埃（Jean-Claude Duvalier）想要他的公司，可是喬不願意出售。於是，娃娃醫生派他手下的幾名「妖怪」（殺人惡魔）打手把喬「變成殭屍」，搶走他的工廠。他們半夜溜進他家裡，替他的鞋「上粉」。接下來喬只記得三天後在一間三百年歷史的監獄裡醒來，而且有好幾隻老鼠在啃他的腳趾。當時，美國國務院花了一個月才將他從海地救出。

至於哪裡可以取得這玩意兒？當然是海地啦！或者巫毒儀式依然盛行的紐奧良阿爾及爾區。

# 75

## 什麼毒藥可以藏在玻璃杯裡，使人吞下後立刻致命？

**問**——我在故事裡安排了將毒藥投進玻璃杯的橋段。受害者將水倒進玻璃杯飲用，當場斃命。乍看會以為他是心臟病發作，不過我筆下的偵探懷疑他是遭人下毒。請問哪種毒藥能符合這個情境，偵探又會從什麼線索發現受害者確實是中毒而死？

答——很多毒藥都符合你設定的情境，不過氰化物是最佳選擇。迅速，凶狠，有效。即使有人試圖拯救受害者，也幾乎不可能，因為唯有當下即刻進行治療，才有機會保住一線生機。為什麼？氰化物是一種「代謝毒物」，它會關閉所有身體細胞使用氧氣的能力。亦即紅血球無法攜帶氧氣至身體組織，身體的組織細胞也無法使用氧氣的情況，宛如所有氧氣瞬間被移除般。毒效立即且劇烈，根據劑量多寡，受害者通常在一至十分鐘內死亡。因此，即使馬上施行心肺復甦術，細胞仍無法使用心肺復甦術所提供的氧氣。

中毒症狀包括呼吸急促、喘不過氣、暈眩、噁心、嘔吐，以及失去意識。或許還會有癲癇發作的可能，最終死亡。這些也是心臟病發作的常見症狀。這一連串症狀約莫在幾秒鐘或幾分鐘之內迅速發生。受害者會突然嚴重呼吸困難、臉部泛紅，或許還會揪住胸口，倒地死亡。過程中也可能發生抽搐。此外，受害者的皮膚會呈現粉紅色，如果撞到頭或跌倒時手肘擦傷流血，血液則是明顯的亮櫻桃紅。一氧化碳中毒也是如此。

偵探可從受害者突然呼吸困難，並且旋即倒地，判斷他是氰化物中毒。受害者的粉紅膚色與鮮紅血液則是額外線索。

氰化氫是一種氣體，不適合你的故事。主要用在燻蒸消毒，若從口鼻吸入或經皮膚吸收可能致命，曾是「毒氣室」行刑使用的氣體。

氰化鉀（KCN）和氰化鈉（NaCN）是你的最佳籌碼。兩者皆為白色粉末，可溶於水、酒精或調酒，帶有一種淡淡的苦杏仁味，不過多數人都不會察覺。可輕易地投進玻璃杯，若是不透明、有顏色或紋路則更加容易。兩者的毒性都極高，僅少量就足以致死。

必須提醒的是，凶手得小心處理氰化鉀或氰化鈉。它們可輕易經由皮膚吸收，讓凶手也跟著小命不保。戴橡膠手套是明智之舉，避免與粉末直接接觸。

氰化鉀和氰化鈉多做為商業用途使用，好比提取礦石中的金、銀，也可以用來鍍金、銀、銅、白金等金屬。凶手可從珠寶公司或電鍍工廠竊取這些物質，一些化學原料供應商也有販售。

你可以安排凶手可以把少量粉末投進不完全透明的螺紋玻璃杯，受害者一旦倒水進杯子裡喝下肚，他將倒地迅速身亡。

# 76

## 吃下古柯鹼會致命嗎？

問——我在故事裡安排受害者喝下摻有古柯鹼的調酒（一杯曼哈頓）而死。曼哈頓裡的苦艾酒大概能蓋過任何可疑的味道。我參考了關於毒藥的書，覺得似乎可行。請問確實可行嗎？氰化物或許更簡單迅速，但對凶手而言，取得古柯鹼非常容易。

答——簡言之，古柯鹼可行，而且只要劑量足夠，作用也相當迅速。

古柯鹼會使大腦「加快轉速」，足以引發致命的癲癇，尤其是觸發所謂的「癲癇重積狀態」（status epilepticus）。一般來說，癲癇為自癒性疾病，發作幾分鐘便停止。可是癲癇重積狀態有時會持續數小時、乃至數日，即使施打類似癲能停（Dilantin，成分為苯乙內醯〔Phenytoin〕）或苯巴比妥（phenobarbital）等靜脈注射藥物，或其他抗痙攣劑（抗癲癇藥物），仍無法中斷癲癇狀態。有時醫生不得不以Anectine（一種類似箭毒〔curare〕的藥物，能癱瘓所有肌肉，不僅是處於癲癇狀態的肌肉，還包括負責呼吸的肌肉）麻痺患者，替他們戴上呼吸器，直到情況好轉。這樣做能避免患者死於缺氧，或將胃內容物抽吸到肺部。嚴重時，中止這類癲癇得花上好幾天。

即使未誘發癲癇重積狀態，癲癇發作就足以致命，因為它干擾呼吸作用，而且往往使人嘔吐並吸入肺中。

不過，更有可能發生的情況是，古柯鹼造成某種「心臟病發作」。機率最高的兩種分別是：

一、致命性心律不整（心臟正常節律變得不規則），好比心室心搏過速或心室纖維顫動，都是古柯鹼直接作用的結果。使用古柯鹼猝死的人，絕大多數死於這種心律變化。不論是服用、以鼻吸食、靜脈注射或加熱吸食都有可能引發，尤其加熱吸食的古柯鹼經肺部吸收，效果幾乎和靜脈注射一樣迅速。

二、古柯鹼可能導致冠狀動脈「痙攣」（動脈血管壁因肌肉收縮變得狹窄）。冠狀動脈負責輸送血液給心肌。一旦痙攣，血液的流動將嚴重、乃至徹底受阻，進而導致由該動脈負責供血的心臟部位壞死（心臟病發作，心肌梗塞），或流向心肌的血液不足而間接引發前述具致命性的心律不整。這並不罕見，我遇過許多這類的病患。

快克古柯鹼特別危險，因為濃度更高，而且經由肺部傳導。

根據你設定的情境，從調酒中攝取古柯鹼，足以造成上述全部後果。癲癇發作、心臟病發作、心律不整猝死，什麼組合都有可能。受害者或許會抓住胸口，抱怨呼吸困難，臉色變得蒼白，而且汗如雨下，症狀和心臟病發作一模一樣。他可能因大抽搐（grand mal seizure）倒在地上。他的背部拱起，眼球向後翻，手臂和雙腿強烈抽搐。他有可能咬破舌頭導致出血，或者嘔吐並吸入肺中。一旦出現心律不整，受害者將直接倒地身亡。黑幕淡出。卡。發行。上工作人員字幕。

補充一點。古柯鹼具有苦味，是局部麻醉劑，會「麻痺」受害者的嘴巴。然而，掩蓋其味道不是問題，尤其受害者已三、四杯黃湯下肚。由於胃腸道對古柯鹼的吸收速度相當迅速，等受害者察覺嘴巴麻痺，或基於其他理由發現事有蹊蹺，大概已經倒在地上失去脈搏了。此外，如果受害者不是「毒癮者」，他的古柯鹼急性劑量耐受度遠不及毒癮者，因此低劑量即可致命。

# 77

## 一氧化碳中毒是怎麼回事？

**問**——我正在寫的故事中，有個人物遭凶手將引擎廢氣灌進她的房裡殺害。請問事發經過為何？致死原因是什麼？我從書上讀到這個死法會讓皮膚呈鮮紅色，真的嗎？為什麼？請問她得在失去意識多久內被找到，才有機會生還呢？

**答**——罪魁禍首是燃油驅動引擎排放的廢氣——一氧化碳。有缺陷的暖爐或壁爐，也會因為煤氣或木頭燃燒不完全，釋放出一氧化碳。煤氣或木頭完全燃燒會產生二氧化碳，也就是我們每次呼吸所吐出的氣體。雖然二氧化碳過多對人體有害，也具有致命性（受困後車廂、廢棄冷藏庫、地窖等處會窒息而死，就是因為二氧化碳濃度過高），不過二氧化碳的毒性遠不及一氧化碳。

紅血球細胞含有血紅蛋白（血紅素），它是一種能結合氧氣的含鐵分子，會將氧氣攜帶到身體各組織並釋放，讓組織細胞利用氧氣維持運作。當吸入體內的一氧化碳迅速被肺部吸收，進到血液裡，它和血紅蛋白結合的能力是氧氣的兩百一十倍。這意謂著，若吸入的空氣裡含有一氧化碳，血紅蛋白傾向和一氧化碳結合，而不是氧氣。由於細胞無法使用一氧化碳，結果就如同「窒息」。

一氧化碳結合血紅蛋白，產生一氧化碳血紅蛋白（carboxyhemoglobin），導致血液呈鮮豔的櫻桃紅色。因此一氧化碳中毒而死的人，皮膚和口腔黏膜將呈鮮紅色，不過也有例外。缺氧導致發紺的藍灰色皮膚，顏色暗沉，有時會蓋過來自一氧化碳血紅蛋白的紅色調。

大多數的死亡案例，血液中都含有百分之五十以上的一氧化碳血紅蛋白。不過，年長者、兒童及慢性疾病患者，大概只要濃度超過百分之二十五至三十就會喪命。慢性心肺疾病患者尤其如此。

解剖時，法醫會根據生前經歷（受害者在汽車引擎運轉的密閉車庫裡被發現）、呈紅色的體內組織，以及櫻桃紅色調的血液，推測為一氧化碳中毒。通常一氧化碳血紅蛋白濃度超過百分之三十，血液才會呈櫻桃紅色澤。死後血液集中在低位區（屍體朝下的部位）的皮膚最有可能出現典型的紅色，不過也可能被藍紫色的屍斑蓋過。法醫為確認死亡原因，會測試血液是否含有一氧化碳血紅蛋白。

至於受害者失去意識後能活多久並沒有明確答案，因為其中牽涉到太多變數。她的年齡、體重和健康狀態、一氧化碳濃度、房間密閉的程度，還有她在中毒前有無服用任何藥物或酒精，有的話是什麼等，許多需要考量的因素。

若要給個粗略數字，我會說最多半小時，十五分鐘可能比較恰當。如果你需要大約一個小時，就安排車庫有某種通風裝置能提供新鮮空氣足以延遲死亡，而凶手沒有發現。或許是一扇開著的窗戶，或者壞蛋離開後，家中愛犬跑來查看，把車庫的門推開，因此新鮮空氣得以進入。

## 78

### 以天然氣中毒做為謀殺手段需要多久時間？

**問**——我正在鋪陳一個謀殺未遂的橋段。故事裡一名人物回家後，喝得酩酊大醉昏睡了過去。接著有人溜進他家，打開瓦斯爐，吹熄火焰。請問這個人多久後會死？或者應該說，他可以在房子裡待多久還不會死？因為我想讓他生病，但不希望他留下後遺症。

**答**——這個問題不好回答，但對於編寫劇情是件好事，代表你有很多選擇。

瓦斯對人體的影響大致取決於三件事：吸入的濃度、接觸的時間，以及受害者此前的身體狀況。

影響濃度的因素是瓦斯噴嘴的流量、房間或房屋的大小，以及通風設備的數量和特性。一間小型套房要比五千平方呎（約一百四十坪）的房子更快被瓦斯填滿，而且受害者距離瓦斯洩漏的源頭也比較近。套房的廚房和床鋪通常設在同一個空間，相較之下，大房子的臥室可能位在走廊盡頭或廚房的樓上。敞開的窗戶、吊扇或空調系統，也能提供某種程度的通風效果，延長受害者的存活時間。當然，一旦瓦斯濃度達到一定程度，吊扇或冷氣的電線迴路可能引發爆炸，但這不符合你的劇情。

接觸的時間則不言而喻。無論瓦斯濃度高低，暴露得愈久，死亡的風險就愈高。

受害者的健康狀態需要納入考慮，因為患有心肺疾病、糖尿病、肝臟或腎臟問題，以及特定健康狀況的人，會比「一般人」更容易受到影響。此外，酒精或其他鎮靜藥物會干擾咳嗽反射（cough reflex），削弱受害者辨識中毒症狀（咳嗽、呼吸困難、頭痛、口腔異味、視力模糊等）的能力，進而降低他及早發現危險的機會。

為什麼「不好回答」是件好事？因為這麼一來，你就有很大的轉圜餘地。無論是一小時或數小時，你筆下的受害者倖存與否，都操之在你。我不建議把受害者留在房裡一整晚或一整天，尤其如果他住在一間小公寓裡。大多數人在這麼長的時間裡，光是接觸中等濃度的瓦斯便足以喪命。除此之外，你大可隨心所欲地安排。

## 79

### 哪種物質加到水裡，能加速受困沙漠的人死亡？

問——在我的故事裡，有個年輕男子被丟在沙漠深處，身上僅有一瓶水。請問把什麼加到水裡，可以加速他脫水至死？

答——很簡單，酒精和利尿劑。

喝過啤酒的人都知道，酒精有利尿作用。所以記住，你不是付錢「買」啤酒，只是「租」來喝而已。酒精會抑制腦垂腺後葉，而腦垂腺後葉又負責製造抗利尿激素（anti-diuretic hormone, ADH），這種激素幫助腎臟留住水分。當酒精抑制身體分泌抗利尿激素，便連帶減少腎臟接收到的抗利尿激素，於是腎臟「失守」，尿量大幅增加。所以說，酒精可以利尿。

利尿劑是一種藥物，藉由多種不同機制，強迫腎臟從血流濾出更多水分，產生更多尿液。常見的利尿劑有氫氯苯噻（hydrochlorothiazide, HCTZ）、平壓即得錠（Dyazide）和來適泄（Lasix，弗西邁〔furosemide〕）。氫氯苯噻和平壓即得錠的藥效溫和，來適泄則屬強效藥。事實上，單劑來適泄可使人流失數夸脫的水分。這就是為什麼這種特殊藥物能有效治療心臟衰竭和肺水腫（身體嚴重水腫且肺部積水），有時還能救人一命。

按照你的劇情，凶手可以將四十毫克的來適泄藥錠溶到水裡。它幾乎無味，不過若要確保沒有任何怪味，不妨把水換成運動飲料或果汁。受害者以為凶手給他的液體能保住性命，但事實上，這瓶調製飲品只會讓他變得更糟。根據氣溫、地形、空氣乾燥度，以及受害者的體型、年齡及健康狀況，他大概會在一兩天後陷入性命垂危的脫水狀態，而添加來適泄能將時間縮短至數小時。

# 80

## 哪種藥物不僅能制伏受害者，還能消除他們的記憶？

問——一名女子把車停進車庫，打開車門後遭到攻擊。凶手的目的是讓她暫時失去意識。請問朝她下巴或附近一帶的哪個神奇部位出手，可以讓她暫時昏過去？此舉是否會抹去她先前的記憶？或者他可以朝她手臂注射某種效果持續「一陣子」的速效藥，讓她約莫一小時後醒來，但不受任何永久性傷害？

答——是的，瞄準頭部、下巴、太陽穴，甚至脖子，都能一擊把人打昏。這一擊的力道必須足以中斷大腦運作，使人失去意識；醫學上稱為「腦震盪」。通常受害者會在一兩分鐘內醒來，也可能更久，十五分鐘或半小時都有可能。

在電影中，主角總是能一拳將人打昏，但實際做起來不是那麼容易，可能需要不只一擊。主角無視失去意識的小嘍囉，彷彿他瞬間從劇本消失般，繼續追逐大魔王。這樣的劇情你看過多少遍了？事實上，小嘍囉很可能在兩分鐘內醒過來，重新振作，讓確信他不會再來擋路的主角措手不及。至少劇本都是這樣寫的。又一個藝術不在模仿生活的例子。

根據你的故事，如果壞蛋只需要她昏倒幾分鐘到半小時，那麼朝後腦杓一擊就能奏效。若需要她昏倒一小時以上，攻擊頭部不足以成事。

失憶的麻煩之處在於不可預測。有些人會失憶，有些人不會。你提議的「逆行性失憶」，是一種「倒退的」記憶喪失。也就是說，不記得「受傷之前」發生的事。這種情況發生的可能性極低，不過確實會發生。重大車禍昏迷的患者有可能不記得自己開車離家，或本來要前往的目的地。

你可以安排受害者遭突襲，沒看到攻擊者，然後把記憶的問題擺到一旁。或者安排她看到攻擊者，並引發逆行性失憶。若選擇後者，受害者的記憶可能在一段時間後恢復。這是個不錯的劇情轉折，而且能讓凶手有所顧忌。

使用藥物的困難度較高，因為能「立即」見效的藥物不多。有些藥物可以在幾秒內生效，但前提是必須經由靜脈注射。硫噴妥鈉（sodium pentothal）就適用於這個情境。

你可以安排受害者反抗不成，被凶手從靜脈施打藥物，但這大概需要兩名攻擊者，畢竟將人壓制在地，一邊用針頭尋找靜脈，不是件容易的事。另一個和靜脈注射幾乎一樣快的方法，是注射到舌頭或舌頭下方或周圍。舌頭滿布血管，效果就跟靜脈注射沒兩樣。這就是為什麼心絞痛患者將硝化甘油置於舌下服用，吸毒者在靜脈傷疤阻礙用藥時，也會改由舌下注射。

另一個符合你需求的情境是，凶手從背後重擊受害者的後腦杓，將她打昏，接著以藥物控制，封鎖她的記憶。也許他需要她的幫忙，尋找他想得到的東西等等。

最完美的藥物是羅氏製藥製造的咪達唑侖（Versed，又稱速眠安）。靜脈注射的劑量為二至四毫克，肌肉注射為五至十毫克。可於一分鐘內見效，具有鎮靜作用。更重要的是，藥物作用期間，約二到五小時，記憶幾乎喪失。受害者變得非常容易擺布，聽命行事，可以走路說話，看起來很正常或略為安靜。凶手可以重擊受害者頭部，然後在她的手臂或臀部注射約五毫克的咪達唑侖，幾分鐘後受害者從昏迷中醒來，會因為藥物影響完全不記得接下來幾小時發生的事。這個安排應該很適合你的故事。

# 81

## 哪種有毒農藥可以藉由火災或爆炸散布？

問——一艘裝載美國食品暨藥物管理局（FDA）禁用農藥的船隻停靠在港口。這艘船遭人以燃燒彈蓄意破壞，起火燃燒，導致儲存槽破裂產生有毒氣體，並造成港口人員傷亡。請問這樣安排可行嗎？可行的話，船上運送的應該是什麼農藥？

答——有好幾種農藥符合你的設定。

沙林（Sarin）和巴拉刈（Parathion）屬於抗膽鹼酯酶神經毒素（anticholinesterase neurotoxins），能阻斷使肌肉和神經正常運作的膽鹼酯酶。當中複雜的生理學得要千言萬語才解釋得清楚，幸好，不知道箇中原理也能描寫可信的劇情。

巴拉刈是一種藍綠色液體，主要做為除草劑使用。釋出的氣體可經由皮膚或肺部迅速吸收，受害者往往死狀淒慘。症狀會在三十至六十分鐘內出現，包括瞳孔收縮、肌肉痙攣無力、不自主抽搐、噁心、嘔吐、腹瀉、心律不整、皮膚燒灼、肺水腫，然後呼吸衰竭死亡。

沙林的毒性更強，一滴便足以致命。它不會破壞皮膚，但會迅速穿透皮膚，進入血流之中。加熱後釋放的劇毒氣體更具危險性，和水或蒸氣混合亦然。

船上爆炸起火，導致裝有這些化合物的儲存槽破裂或燃燒，將釀成巨大災難。整個港口都會發生傷亡事故。受害者救治不易，且成功率極低。

另一種選擇是地特靈（Dieldrin）。一九七四年美國國家環境保護署（EPA）已禁止使用，但在歐洲仍可製造。地特靈是一種白色結晶固體，可製成噴劑、粉末或粉塵，經由皮膚或肺部吸收。加熱後會釋放極具毒性的氯氣。

症狀會在二十分鐘內出現，包括頭痛、暈眩、噁心、嘔吐、出汗、抽搐，最後死亡。和沙林與巴拉刈中毒一樣，只能對症治療，但幫助不大。

以上任何一種都能符合你的需求，而且會造成大規模慘重傷亡。

# 82

## 毒物能經由皮膚吸收嗎？

問——有些毒物可經由皮膚吸收，這是真的嗎？是的話，請問哪些最為常見？

答——皮膚是人體最大的器官，不僅僅是「一副皮囊」而已，它是活的，會受各式各樣的影響，包括內部和外部。許多內科疾病會導致皮膚變化，來自外界的接觸也一樣。常見的外部影響有曬傷、腫塊、瘀青、刮傷，以及刺激性化學物品。

是的，很多化學物質，包括部分藥物和毒物，可經由皮膚吸收。許多藥物如今能透過「經皮輸藥系統」（transdermal drug delivery system）使用。例如，具黏性的「貼片」可以提供戒菸者尼古丁，提供心絞痛患者硝化甘油，提供高血壓患者可樂定（Clonidine），以及提供動暈症患者東莨菪鹼（scopolamine）。

重金屬如銻、汞和鉛也能經由皮膚吸收，造成慢性中毒。DDT、氯丹（chlordane）、巴拉刈、馬拉松（malathion）和其他農藥，一旦滲入皮膚，可造成急性與慢性健康問題。氰化物也能輕易滲透皮膚致命。

據傳貝多芬可能死於鉛中毒。不久前，貝多芬毛髮樣本經檢測發現含有超過正常值一百倍的鉛。中毒來源可能是白蠟餐盤杯具、含鉛的油漆或水管（那個年代的水管都含有鉛）。然而，玻璃琴（glass harmonica）也是另一個可能來源。這項樂器由班傑明・富蘭克林（Benjamin Franklin）於一七六一年發明。他在美國獨立戰爭期間造訪法國時，向貝多芬與莫札特展示過這種樂器，而兩位作曲家後來都為玻璃琴譜曲。

玻璃琴是由各種不同大小的玻璃碗沿著一根轉動的軸排列組成，演奏者透過沾溼的手指摩擦碗邊使之發聲。碗身以含鉛塗料區別每個碗所代表的音符。也許鉛就是從貝多芬的手指皮膚滲入體內，也可能是他為了彈奏而舔手指所致。

慢性鉛中毒的症狀包括精神與神經方面的問題、失聰，最終死亡。聽起來就像是貝多芬和莫札特的症狀。

# 83

## 曼陀羅做為毒藥的效果好嗎？

問——成人飲用以曼陀羅熬成的濃茶會致命嗎？

答——曼陀羅（Datura stramonium，俗名吉姆森草〔Jimson weed〕）也稱做惡魔水仙（devil's trumpet）、臭草（stinkweed）和荊棘蘋果（thorn apple）。一般生長於較溫暖的氣候。最早稱為「詹姆斯鎮草」（Jamestown Weed），源自一六七六年，維吉尼亞州詹姆斯鎮對抗「培根起義」（Bacon's Rebellion）的士兵們在糧食耗盡後，轉而吃這種植物的漿果，造成大規模中毒。

曼陀羅花呈白色或紫色漏斗狀，有股難聞的臭味。嚐起來的味道也很可怕，所以泡茶大概行不通。或許你可以考慮較具香氣的飲料，像是香料熱蘋果酒或曼哈頓（含苦艾酒和苦精，可蓋過不好的味道，若受害者已經喝了三、四杯酒，更不可能察覺）。

曼陀羅整株植物都有毒，即使燃燒後產生的氣體都有毒，用葉子和（或）種子熬成茶的毒性更甚。根據你設想的情境，凶手可以將多株曼陀羅放進熱鍋熬煮，直到剩下濃稠汁液，加入任何飲料中都能形成劇毒。

毒性成分主要是莨菪鹼（hyoscyamine），還有天仙子鹼（hyoscine）和阿托品（atropine）。曼陀羅為顛茄鹼類，是一種茄科草本植物，另有「致命夜影」（deadly nightshade）之稱。

中毒到死亡可能需要數小時，視食用濃度和攝取量而定。症狀與阿托品中毒相同：眩暈、視力模糊、瞳孔擴大、頭痛、脈搏快而微弱、嗜睡、躁狂、譫妄、定向力障礙、口眼乾燥、皮膚潮紅、口渴、灼熱感、癲癇發作，最後昏迷及死亡。

在醫學院有個記憶阿托品中毒徵兆與症狀的口訣：

瞎眼像蝙蝠（瞳孔擴大和視力模糊）
泛紅像甜菜（皮膚可能泛紅且有燒灼感）
乾燥像枯骨（眼睛和口腔乾燥）
瘋狂像帽匠（躁狂和譫妄）

如你所見，你能運用的症狀和徵兆很多，而且可以任意組合，因為每個人對毒素的反應不盡相同。

## 84

### 番木鱉鹼中毒的「姿勢」是怎麼來的？

問——我正在寫一部懸疑小說，凶手使用摻有致命劑量番木鱉鹼（strychnine）的眼藥水謀殺受害者，並載到荒郊野地棄屍。凶手將他埋起來，屍體約三週後才被找到。我曾讀到番木鱉鹼中毒的死者會呈現咧嘴笑容、藍色皮膚，以及背部弓起等典型特徵。請問這樣的描述正確嗎？我想要受害者展現明確的番木鱉鹼中毒徵候，好讓屍體被發現後，法醫能推測死因為番木鱉鹼中毒。三週後找到屍體，會不會削弱上述劇情的可信度？將番木鱉鹼混進眼藥水裡下毒可不可行？還有生效並引發癲癇的平均時間與劑量為何？

答——先來認識一下番木鱉鹼。許多種類的植物及其種子都含有番木鱉鹼，其中之一是馬錢子（學名：*Strychnos nux-vomica*），生長於熱帶地區，諸如印度與夏威夷。它是一種無色、無氣味的結晶粉末，嚐起來有些許苦味，能經由胃、肺部和皮膚吸收，也能經由眼結膜吸收。

你選擇的下毒手段問題出在劑量。番木鱉鹼的致命量介於一百至一百二十毫克之間，要將濃度提高到幾滴眼藥水就能致命有一定難度。若受害者戴隱形眼鏡，或許可將毒藥投入受害者洗眼用的生理食鹽水中。這麼做比較合理，因為摘下隱形眼鏡、用含毒的洗眼液清洗眼睛，應該能提供足以致命的劑量。更實際的安排是添加到食物或飲料中，但我喜歡這個從眼睛吸收毒藥的點子，很出人意料。

番木鱉鹼約在十到二十分鐘內起作用，而且充滿戲劇效果。因為它是攻擊中樞神經系統的神經毒素，一般會在死前引發如癲癇般的肌肉活動。但不會演變為大抽搐，那是由大腦內混亂的電脈衝所致。相較之下，番木鱉鹼是攻擊舒緩肌肉的神經。

受害者首先是脖子和臉部變得僵硬，然後手腳開始痙攣。任何聲響或動作皆會觸發一波不規則且強烈的肌肉收縮。隨著痙攣性收縮漸強，背部大肌群開始收縮，將身體拉成弓狀（稱做角弓反張〔opisthotonus〕）。這些症狀和破傷風略同，受害者最後將因無法呼吸而窒息。死亡之際，受害者通常背部弓起、雙眼瞪大、齜牙咧嘴像在做鬼臉，又稱為死亡之笑或痙笑（risus sardonicus），是看了會做惡夢的畫面。

一般來說，死前若發生劇烈肌肉活動，死後會立即屍僵。番木鱉鹼中毒就是一例，因此屍體會彷彿定格在死亡那一刻。屍僵迅速發生的原因在於，肌肉劇烈收縮消耗了肌肉裡的酶（主要為三磷酸腺苷〔adenosine triphosphate〕）。而屍僵正是這些酶枯竭導致肌肉收縮，引起僵直硬化。番木鱉鹼中毒或與癲癇相關的死者，三磷酸腺苷枯竭得較為迅速，因此僵直硬化也發生得更快。接下來二十四小時，隨著肌肉分解，失去縮收性，將進入弛緩的階段。

因此，你筆下的受害者將迅速僵直硬化，並維持「番木鱉鹼姿勢」（背部弓起、扭曲笑容、雙眼瞪大）約十二至二十四小時，隨著僵直弛緩，肌肉跟著放鬆，臉部和身體也是一樣。所以，經過三週才被發現行不通，受害者看起來會跟其他死亡三週的屍體沒兩樣，法醫必須進行毒理檢驗才查得出死者體內有番木鱉鹼。

# 85

## 人類和各種動物的番木鱉鹼致命劑量為何？

問——若以番木鱉鹼做為毒藥，用在小老鼠、大老鼠、貓、狗、猴子和人類身上各需多少劑量？我想安排凶手先在其他動物身上做實驗，再對受害者下毒。

答——一般成人體重約一百五十四磅（七十公斤），致命劑量為一百至一百二十毫克。也就是說，每磅需要〇．六五至〇．七八毫克（每公斤一．四至一．七毫克）。若以平均致命劑量每磅〇．七毫克計算，約可得到下列數值：

兩盎司（〇．〇五公斤）的小鼠：〇．〇九毫克
一磅（〇．四五公斤）的大鼠：〇．〇七毫克
八磅（三．六二公斤）的貓：五．六〇毫克
十五磅（六．八〇公斤）的狗：十．五〇毫克
二十五磅（十一．三三公斤）的猴子：一七．五〇毫克
一百八十磅（八一．六四公斤）的人：一百二十六毫克

以上假設番木鱉鹼對這幾種哺乳類的影響相同，事實應該也是如此。不過，這些只是大略數字。

## 86

### 死帽蕈的致命程度為何？對受害者有什麼影響？

問——在我故事裡的一宗謀殺案，受害者被餵食「死帽蕈」而喪命。我想知道死帽蕈的發作速度，還有受害者死前的反應。

答——死帽蕈（death cap mushroom，學名：鬼筆鵝膏〔*Amanita phalloides*〕）是菌蕈類裡最危險的狠角色。事實上，所有鵝膏菌屬的成員都碰不得。其他有毒種類包括愚人蕈（fool's mushroom，學名：白毒鵝膏菌（*A. verna*）、死亡天使（death angel，學名：鱗柄白毒鵝膏菌（*A. virosa*））和小死亡天使（smaller death angel，學名：雙孢鵝膏（*A. bisporiger*））。

死帽蕈生長在美國東南部，喜歡潮溼的林地；其他種類則多見於乾燥的松樹林或混合林地與草地。不同品種的菌蓋顏色不一，美國沿岸與歐洲是介於淺綠到黃橄欖色之間，美國其他地方則是白色或淺褐色。每一種的菌蓋下都是白色菌褶與白色孢子。

死帽蕈的毒性極強，單單一株菌蕈就能致命。這些菌蕈含有兩種主要毒素，分別是會造成血糖下降（低血糖）的鵝膏蕈鹼（amanitin），以及破壞腎臟、肝臟與心臟的鬼筆環肽（phalloidin）。症狀發作緩慢，通常在攝食後六至十五小時才會顯現，有時可能長達四十八小時。一般來說，症狀發作得愈慢，存活的機率愈低。這是因為毒素幾乎立刻就對肝臟和其他器官發動攻擊，但症狀顯現得晚，相對拖延了就醫治療的時間。

症狀起初是胃痛、噁心、嘔吐和血性腹瀉。一旦肝臟受損，皮膚將因黃疸而呈黃色。受害者接著可能陷入昏迷。隨著腎臟衰竭，嘔吐和腹瀉引起的脫水變得更加嚴重，血液裡的鉀含量會驟增，導致心衰竭和死亡。

治療往往沒有幫助，如上所述，等到受害者就醫時，毒素早已在體內大肆破壞。無論如何，第一步是洗胃，將殘餘菌蕈清除。此舉只在食用後四到六小時有效，超過這個時間，菌蕈已消化完畢離開胃部。受害者還會接受抽血檢查，檢測是否有低血糖、高血鉀，以及肝腎功能異常。醫生將採對症治療。除此之外，只能保持希望、虔誠禱告。

若你需要發作更迅速的毒素，不妨用豹斑鵝膏（panther mushroom，學名：*A. pantherina*）或毒蠅傘（fly agaric mushroom，學名：*A. muscaria*），兩者都是鵝膏菌屬的成員。它們有各式各樣的顏色，黃、紅、橘、灰棕色，而且菌蓋上通常有白色斑塊。

兩者含有多種不同毒素。膽鹼（choline）和毒蕈鹼（muscarine）會導致血壓與脈搏下降、噁心、暈眩、出汗、流涎、流淚，以及腹瀉。鵝膏蕈氨酸（ibotenic acid）和蠅蕈素（muscimol）則會造成暈眩、頭痛、癲癇、視力模糊、肌肉痙攣、平衡感喪失、昏迷，呼吸衰竭以及死亡。

這些症狀通常在攝食後半小時至三小時內出現。治療方法和前述大同小異，外加靜脈注射阿托品，阻斷膽鹼和毒蕈鹼的作用。通常，為了使心率和血壓維持在正常範圍，每小時需視情況給予〇．五毫克至一毫克的阿托品。

## 87

### 十九世紀有什麼藥物能使人任憑擺布，但意識清醒？

問——背景是一八八九年的歐洲，主人翁利用鐵路押送一名俘虜。請問什麼樣的藥物能使俘虜在為期一週的鐵路旅途中，既保有部分行動能力，卻又無法脫逃？

答——我認為最好的選擇是鴉片衍生品。

當時鴉片酊和嗎啡廣泛流通。事實上，在十九世紀下半葉，鴉片酊、鴉片和嗎啡是英國最普遍的自殺藥物。這些藥物經常用於止痛、鎮靜以及平息嬰兒號哭，不像今日被當成「管制藥品」。直到一九〇九年才有國際委員會採取行動，踏出管制鴉片的第一步。

最初製造鴉片酊的人大概是帕拉塞爾蘇斯（Paracelsus, 1493-1541）醫生。塞繆爾．泰勒．柯勒律治（Samuel Taylor Coleridge, 1772-1834）和華特．司各特爵士（Sir Walter Scott, 1771-1832）＊都是鴉片酊愛用者，後者用它來舒緩很可能是由慢性膽囊炎引起的長期腹痛。

鴉片是一種白色粉末，鴉片酊則為液態，兩者都能添加到食物或飲料中，使人感到困倦、無精打采、易受控制，劑量可依照期望效果隨意調整。當受害者漸漸「醒來」，就再追加一劑。壞蛋可以佯稱受害者的症狀是因生病而非藥物所引起，大概沒有人會懷疑。一旦停止用藥，受害者就會恢復正常，很可能對事發經過僅有模糊印象。

＊帕拉塞爾蘇斯，中世紀瑞士醫生、煉金術士、占星師。他將醫學和煉金術結合起來，成為今日的醫療化學。他認為每一種疾病都有專門的化學療法，反對過去綜合許多成分的萬靈藥而主張服用單一藥劑，促進專科疾病的研究。
塞繆爾．泰勒．柯勒律治，英國詩人、文評家，浪漫主義文學的奠基人之一。
華特．司各特爵士，十八世紀末蘇格蘭著名歷史小說家及詩人。

# 88

## 是否有毒物能使人胃脹並且死亡？

問——我正在寫一則短篇故事，其中安排懷孕的受害者死亡時感到胃脹。這種毒物必須可以投進飲料裡。請問鉛中毒會迅速致死嗎？我在書上讀到鉛中毒的作用緩慢而漸進。這對胎兒有什麼影響？最容易混進飲料裡的鉛來源是什麼？

答——鉛可以做為急性毒物使用，不過比較偏向「累積型」毒物。長時間接觸會導致各種健康問題，最終小命不保。大量攝取就能致命，不過很難藏在飲料裡。碳酸鉛、一氧化鉛、硫酸鉛都有毒。毒性最強的是砷鉛石，因為含有砷。它是一種白色粉末，許多農藥和獸醫用藥驅絛蟲藥都含有砷鉛石，可溶於飲料，而且一定會成事。砷也能達成相同目的。砷是幾百年來的熱門毒物，甚至有點太氾濫了，我想你應該知道。不過可行。

急性砷中毒會使血管發炎導致滲漏，進而演變成胃腸道出血和肺水腫（肺部積聚液體）。此外，受害者還可能出現嘔吐、腹痛、腹瀉（有可能帶血）、譫妄、癲癇、昏迷乃至死亡。

汞（俗稱水銀）也是選擇之一。汞可以從溫度計和某些電池中輕易取得。若經鼻子吸入汞蒸氣，比攝食產生的毒性更強。將含汞的水加熱，變成蒸汽進到空氣，受害者吸入後，很快就會死亡。中毒症狀包括噁心、嘔吐、腹痛、流涎、發燒、咳嗽、呼吸困難，以及口腔有金屬味，而且幾乎立即發作。以攝食為例，約半小時便會出現症狀。

另一個極佳選擇是四氯化碳（carbon tetrachloride），常態下為無色液體。乾洗劑、家庭去漬劑和部分滅火器都含有這種物質。若和酒精一同攝取，則效果更強。由於具有獨特且強烈的臭味，必須加以掩蓋。症狀包括腹痛、噁心、嘔吐、暈眩、混亂、呼吸困難、休克、昏迷，最後死亡。四氯化碳的沸點約攝氏七十七度，所以能產生類似上述的蒸氣，而且毒性立即見效。

上述毒物都會使胎兒中毒，倘若受害者死亡，除非緊急剖腹，否則胎兒肯定跟著沒命。

雖然任何一種都可行，但我最推薦汞和四氯化碳。我特別喜歡蒸氣下毒的點子，可惜和你最初的構想不符。

## 89

### 中世紀歐洲常見的毒物有哪些？

問——中世紀投毒者常用的毒物有哪些？它們的作用為何？

答——中世紀或更早以前，已有許多非常有效的毒物流通。常見的包括：

**砷**：砷是一種金屬，純砷的顏色是淺灰色。最常見的型態是白色粉末狀的三氧化二砷，可輕易添加到食物中不被發現。

這是陰險詭詐的義大利公主（後成為法國皇后）凱薩琳・德・麥地奇（Catherine de Medici, 1519-1589）最愛用的毒物。她也使用由砷和斑蝥素（cantharidin）混合而成的托法娜仙液（aqua toffana）做為美白化妝水。

砷另一個有趣的用途是製作蟾蜍毒液。用砷餵食蟾蜍或其他小型動物，等牠們死後，將烹煮屍體產生的汁液添加到受害者的食物或飲料中，如同服下劇毒。

急性中毒會引發嚴重胃灼熱、噁心、嘔吐和血性腹瀉。受害者的血壓下降，感到無力、暈眩、寒顫、皮膚溼黏、混亂，而且可能引起癲癇發作。受害者將在經歷這些激烈且痛苦的症狀後死亡。

**顛茄**（學名：*Atropa belladonna*）：別名致命夜影的植物。阿托品是顛茄內含的活性毒素之一，名稱取自負責切斷生命之線的希臘命運三女神之一——阿特洛波斯（Atropos）。其他活性毒素包括東莨菪鹼、莨菪鹼和天仙子鹼。

「Belladonna」則出於顛茄的作用之一，放大瞳孔。過去女性會在兩眼各點一滴，使瞳孔放大，增進美貌。Belladonna的意思就是「漂亮女人」。

顛茄全株都有毒，一旦吃下肚，症狀約在一小時內出現。阿托品中毒的徵兆和症狀包括瞳孔擴大、視力模糊、口眼乾燥、發燒、皮膚潮紅、腹部抽筋、混亂、定向力障礙、癲癇發作，以及心跳停止。

**斑蝥素**：俗稱西班牙蒼蠅，是一種無味的白色粉末，很容易拿來暗中加進食物或飲料裡。攝食後症狀立即出現。斑蝥素接觸到人體的任何組織都會引發強烈的刺激性反應，隨血流經由腎臟濾出時會刺激尿道粘膜，因而被當作催情藥物。較大劑量有可能造成胃腸道和尿道出現劇烈燒灼感、長水泡，還會引發腹痛、噁心、吐血、血性腹瀉、排尿疼痛帶血、抽搐、脈搏快速、血壓下降、休克，以及死亡。

**毛地黃**（foxglove，學名：*Digitalis purpurea*）：一種美麗的開花植物，也稱做仙子帽（fairy cap）、仙子鈴鐺（fairy bells）、仙子頂針（fairy thimbles）。心臟藥物毛地黃（digitalis）的天然來源，用於治療心臟衰竭和特定的心律不整已有超過一個世紀的歷史。

毛地黃全株有毒，中毒症狀約在攝取後半小時內爆發。受害者會感到頭痛、噁心、嘔吐、肌肉痙攣、呼吸困難、暈眩、心悸，最後心跳停止死亡。

**毒參**（hemlock，學名：*Conium maculatum*）：據說蘇格拉底就是死於這種毒物。整株植物都有毒，尤其是開花季節的果實。內含的活性毒素為毒芹鹼（coniine），是一種神經毒素，會像箭毒一樣癱瘓肌肉。中毒症狀會在半小時內出現，不過得經過好幾個小時才會死去。

最先出現的症狀通常是喪失肌力，然後每況愈下。肌肉疼痛和癱瘓隨之而來，直到呼吸系統衰竭，窒息而死。

**天仙子**（henbane，學名：*Hyoscamus niger*）：又名瘋狂根（insane root）、惡臭夜影（fetid nightshade）、毒菸草（poison tobacco）。整株植物皆含莨菪鹼，顛茄裡也有這個化學成分，因此天仙子中毒的徵兆和症狀類似阿托品中毒。症狀約十五分鐘後開始顯現。

有毒菌蕈亦相當容易取得。

# 90

## 生食大黃會有什麼後果？

問——我筆下的人物誤食撕碎摻進沙拉裡的大黃葉，因為有人企圖對她下毒。請問她的身體多快會出現反應，以及反應為何？若被送到醫院，會接受什麼樣的治療？有任何長期的後遺症嗎？恢復期多長？

答——大黃中的有毒物質是草酸，主要來自葉片以及幾種大黃亞種的莖。草酸會造成兩大類問題。一種是外部傷害，因為它的刺激作用；另一種是體內傷害，在草酸被身體吸收後才顯現。

草酸對胃腸道極具刺激性，並且使人口腔、喉嚨和食道疼痛。其他還有無力、呼吸困難、胃痛且噁心、嘔吐等症狀，也有出血的可能性。由於症狀延遲顯現，受害者在食用後幾小時，大概還不會發現自己中毒了。這也是大黃特別危險的原因之一。若嘔吐更快發生，體內的傷害便能降低，因為嘔吐會清除胃內容物。身體吸收的草酸量和大黃停留在胃中的時間有關，時間愈短吸收得愈少，對人體的傷害就愈小。

體內傷害來自於草酸的化學特性。當草酸進到血液裡，會和血液裡的鈣作用形成草酸鈣。這個作用將消耗血液裡的鈣，導致血鈣濃度降至最低。由於鈣對心臟正常放電功能不可或缺，血鈣過低可能使人心跳停止和死亡。此外，這個化學作用在血液中產生的草酸鈣經腎臟過濾，可能堵塞微細小管，嚴重破壞腎臟，導致小便灼熱，甚至永久喪失腎臟功能。受害者可能需要接受洗腎和（或）腎臟移植手術。

治療的第一步是清除胃裡所有殘餘大黃，並中和胃裡的草酸以避免身體吸收。這個步驟愈快完成愈好。首先以催吐劑強迫受害者嘔吐，或進行洗胃，清除所有植物殘留。常見的催吐劑為吐根酊（ipecac syrup），口服兩茶匙即可在五至十分鐘內嘔吐。接著，飲用或透過洗胃管攝取牛奶或任何含鈣液體，它們能在草酸被身體吸收前，與之結合或產生化學作用。如此一來，草酸鈣將在胃裡形成，而非在破壞效果最強的血液裡形成，並且可經由洗胃清除。

此外，還需接受靜脈輸注葡萄糖酸鈣（calcium gluconate），以緩慢的速度將鈣濃度提升至正常。腎臟被大量靜脈輸注液沖洗，也能在傷害造成之前清除所有草酸鹽（oxalate）。

在急診室裡，醫生會將一根粗大的橡膠洗胃管從受害者的鼻子深入胃部，以牛奶或檸檬酸鈣幫她洗胃。再從靜脈輸注葡萄糖酸鈣，並給予數公升的百分之五葡萄糖生理食鹽水。然後驗血評估腎臟功能及血鈣濃度。醫生需立即取得心電圖，並將受害者送進加護病房觀察心律。

預後和長期後遺症取決於中毒程度與治療速度。若經有效治療，沒有心臟或腎臟併發症發生，可能短至二十四小時就能恢復，而且完全沒有後遺症。她也可能心跳驟停，必須施予心肺復甦術，或是腎衰竭，必須短期或長期洗腎，乃至未來可能必須換腎。

# 91

## 硒是有效的毒物嗎？

問——我最近讀到一個和硒（selenium）有關的謀殺案，考慮用在正在寫的小說裡。請問硒是什麼？要怎麼用來下毒？中毒症狀有哪些？若受害者倖存，需採取哪些治療？

答——硒是一種非金屬元素，和硫、氧、釙與碲屬於同一個化學家族。它是生命不可或缺的微量元素，缺乏硒可能會導致各種健康問題，尤其是心肌症（cardiomyopathy，心臟肌肉無力）。值得一提的是，馬可波羅曾描述一種名為「腐蹄病」（hoof rot）的疾病，他發現的可能是第一起硒中毒案例。腐蹄病發生在新疆南山與天山一帶的馬匹身上，該區域的土壤含有豐富的硒。

硒中毒的情況常見於工業生產上。硒主要應用於玻璃、陶瓷、光電管、半導體、鋼鐵與硫化橡膠的製造。它最毒的形式是二氧化硒（selenium dioxide）與亞硒酸（selenious acid）。

急性硒中毒十之八九以悲劇收場。攝食或吸入二氧化硒或亞硒酸（如鋼鐵發藍溶劑〔gun bluing solution〕）會對心肌造成不良影響，再加上全身血管擴張，致使血壓驟降、心搏停止，並且死亡。毒素也可能使皮膚、口腔黏膜與肺部出現嚴重灼傷，甚至併發肺出血與肺水腫。而牙齒、頭髮與指甲偏紅色素沉澱，以及呼吸散發大蒜氣味，都是典型的急性硒中毒症狀。

長期少量接觸硒則會造成慢性中毒。受害者的皮膚會出現泛紅與頭皮癢疹，頭髮變得容易損壞、斷裂與脫落，指甲容易碎裂並出現紅色或黃白色的橫向或縱向線條，呼氣時感覺有大蒜味，還可能抱怨口中有金屬味。噁心、嘔吐、疲勞、易怒、情緒不穩、憂鬱、顫抖與肌肉癱軟，也都是可能的症狀。

硒中毒的診斷（無論是活人或是驗屍）是根據患者血液及尿液中的硒濃度而定。驗屍時可能會發現死者肺部與腎臟充血、心臟擴大且出現斑痕、腦部水腫與增大，以及皮膚與內臟器官呈橙褐色等情況。

對於中毒倖存者的治療包括阻絕與該物質的接觸，並肌肉注射二硫基丙醇

（dimercaprol，別名：抗路易士毒氣藥劑〔British Anti-Lewisite，BAL〕）。二硫基丙醇可做為螯合劑與硒結合，使其透過腎臟排除體外。通常每公斤體重注射三至五毫克，每四個小時一次持續兩日，到了第三日每六個小時一次，接下來十天每十二個小時一次。

就你的目的而言，急性或慢性中毒都行得通，主要看你希望受害者立即喪命或歷時一個月左右緩慢死亡。發藍溶劑中所含的亞硒酸亦達致死量。只要在食物或飲料中加入幾茶匙，就能在數小時內使人喪命。而每天這裡加一點、那裡加一點即可造成慢性中毒。受害者會喪失食慾、體重下降，出現噁心、嘔吐等症狀。他會開始掉髮、感覺虛弱且呼吸困難。此外，受害者還會變得易怒、手部顫抖，也可能出現心臟衰竭與肺水腫的情況。即使他前往就醫，醫生很可能診斷肇因於心臟疾病或腸胃炎，甚至是流感。醫生根本不會想到是硒中毒。然後隨著病情惡化，受害者可能得住院治療，最後心臟衰竭而死。既然這種情況很常發生，他的死很可能被認為是心臟疾病所致。除非有人起疑，並著手調查被害人的真正死因。

# 92

## 一個人喝下摻有贊安諾的酒精飲料，多久之後會死亡？

問──我筆下的凶手將贊安諾（Xanax）磨碎，添加到受害者的蘇格蘭威士忌裡。兩人都喝了些酒。贊安諾是否會迅速和酒精產生交互作用，抑制中樞神經系統？致死的份量是多少？人體會產生任何立即反應嗎（譬如嘔吐）？有哪些特定症狀，死亡會多快降臨？

答──贊安諾屬於苯二氮平類的短效鎮靜劑（同類藥物還有煩寧、酣樂欣〔Halcion〕、替馬西泮〔Restoril〕、安定文〔Ativan〕等），是相對「安全」的鎮靜劑，但與酒精混用有可能致命。當然了，致命與否取決於贊安諾和酒精的劑量多寡，以及受害者的健康狀況、體型和年齡。慢性心肺疾病患者以及年幼與年長者，所受的影響比較嚴重。

贊安諾為橢圓形，有〇．二五毫克（白色）、〇．五毫克（桃紅色）以及一毫克（淡藍色）三種劑量；也有長方形的兩毫克白色藥錠。它容易溶解，且胃腸道能充分吸收。攝食後約一到二小時最為嚴重，不過半小時內就會開始發作。

好了，回到你的幾個具體問題：

是的，贊安諾能迅速作用。若受害者此前已攝取大量酒精，可能只要半小時，甚至更快。他將變得無精打采，而且口齒不清，協調性不佳，以及心智混亂。他走路會搖搖晃晃，甚至跌倒；講話速度慢、大舌頭，完全沒有邏輯性。簡言之，就是酩酊大醉的樣子。他很快就會失去意識，接著呼吸功能衰退直至停止，幾分鐘後死亡。

過程快慢取決於許多因素，不過你若抓一個小時，絕對沒問題。久一點更好，短至三十分鐘也行。

贊安諾的問題是，需要好幾錠才能致命。當然也要看受害者灌下多少酒精。若他在下藥之前已經喝醉，所需的劑量自然比較少。我建議總劑量設定在二十毫克，以防萬一。你安排凶手磨碎十錠兩毫克的贊安諾就行了。如果受害者已經喝醉，大概不會察覺飲料味道有異；將蘇格蘭威士忌換成其他調酒，就更不可能穿幫了。

## 93

### 添加什麼物質到表演吞火的魔術師的「燃料」裡，能導致驟然且驚人的死亡？

問——受害者是一名街頭藝人，他在馬德里表演吞火魔術。我安排凶手藉由調包或另外添加物質到表演者含在嘴裡、奮力噴出引火燃燒的清澈液體中。由於表演者並非真的吞下液體，所以我需要某種非常致命的物質，既不會改變液體的清澈度，含進嘴裡也不會立刻察覺。此外，我希望受害者能死得相對迅速，充滿戲劇性。

答——氰化物。迅速，凶狠，有效，當場致命。受害者將突然呼吸困難，可能抓住胸口彷彿心臟病發作，也可能癲癇發作，口吐白沫。無論如何，最後肯定倒地身亡。由於氰化物是一種「新陳代謝毒物」，會讓身體的細胞中毒，導致它們無法利用氧氣，即使進行心肺復甦術，或採取其他急救措施，受害者還是會死。有效的心肺復甦術能提供血液與氧氣給各個組織，但氰化物會阻止各個組織利用氧氣，因此終歸難逃一死。

氰化物有粉末狀的氰化鉀和氰化鈉，能輕易溶於多數液體，而且極少量就足以致命。它具有淡淡的苦杏仁氣味與味道，但混進可燃液體裡不可能察覺。

根據你設想的情境，吞火魔術師將摻了毒的液體含進嘴裡，幾分鐘內就會抓住喉嚨或胸口，吐出液體，氣喘吁吁地呼喊求救，癱倒在地（可增加癲癇發作），然後迅速喪命。

但我必須提醒，凶手不可直接與氰化物接觸，因為皮膚能迅速吸收氰化物。最安全的做法是穿戴橡膠手套。

氰化物主要用於金屬電鍍與鞣製皮革，可以從許多化學製品供應店家取得，或到任何從事珠寶鑲嵌的地方竊取。

# 94

## 醫療謀殺
Medical Murder

### 如何謀殺一個正在動心臟手術的人？

問——我正在寫一個醫院的場景。壞蛋決定趁受害者在醫院進行心臟繞道手術時動手殺人。他們計畫破壞醫院的主電源和備用電源，這將危及整間醫院或該側病房的所有病患，不光是受害者。我的問題是：怎樣才能破壞醫院供電網和備用供電系統？心臟繞道手術進行到哪個階段最無法承受斷電？

答——多數醫院都有備用發電機，一旦電力供應中斷，將自動開啟。我推測這些系統絕大部分是由電腦控制，因此壞蛋有很多方法可以排除阻礙。

他可以攻擊電腦，在任何時間有效切斷主電源和備用發電機。厲害的駭客能竄改控制程式，按照指令切斷電源。你可以安排壞蛋使用無線數據機，從遠端遙控。

他也可以拆除或破壞備用發電機，然後割斷醫院的電力輸入線或破壞地方發電廠，切斷主電源供應。如此就能讓整間醫院停電，不過還沒完全解決你的問題。

進行心臟手術時，醫生一般會替病患接上體外循環機（俗稱心肺機），代替病患的心臟和肺臟循環血液與提供氧氣。其輸送功能仰賴電力供應，不過，這些裝置裡不僅內建備用電池，還有專為停電狀況設計的手動發電系統。這代表壞蛋得直接對心肺機動手腳，諸如破壞或拔掉心肺機的電池或電纜，搗毀手動發電系統的裝置和滑輪。

心肺機通常收在醫院手術室裡，屬於門禁管制區。即使如此，熟悉醫院空間的人還是能偷溜進去，特別是晚上值班人員較少的時候。

或者，你可以安排一名內應。最佳人選是生物工程部門的人，或負責管理心肺機的技師。

生物工程部門負責維修醫院內的多數醫療設備。有些技師「什麼都會修」，有些則會找各製造商的維修人員，或是獨立的生醫維修公司。你可以安排一名院內技師當內應，或者找醫院求助的外部技師當共犯；兩者都行得通。

多數大型醫療中心的編制包含心肺機技師，小型醫院則將維修工作發包給外部公司，這些技師工作採計件制。院內技師可在機器閒置時，輕而易舉地動手腳，但外包技師就比較困難。他只能在接到案件時進手術室，而且因為有許多護理人員和技術員正在替手術做準備，他得相當精明才有辦法破壞備用電力系統。可行，只是比較困難。

破壞電源供應的最佳時機是手術期間，那是受害者最脆弱的時候。

若壞蛋能在受害者「開始繞道」（開始使用心肺機）之後，施行搞鬼計畫，斷電將具致命風險。手術期間，受害者心臟因為血液降溫與施用高劑量的鉀而停止，專業術語稱為「冷心臟停搏」（cold cardioplegia）。等手術完成後，心肺機重新加溫血液，將鉀洗淨，然後心臟將恢復自主跳動；這個過程需要十至十五分鐘。

若電源和備用電力相繼失靈，外科醫生只剩下「體內心臟按摩」（internal cardiac massage）一途能保持血液流動，維繫病患性命。體內心臟按摩其實就是外科醫生用手規律地擠握心臟。同時還要替病患輸入加溫血液與靜脈輸注液，試圖使病患「回溫」並沖淡鉀。這麼做有難度，在沒有心肺機的協助下，整個過程可能需要長達半小時至一小時。外科醫生拿高薪其來有自。而急救失敗無疑會導致病患死亡，正如你所願。

當然，受害者能不能安然度過這個事件，全看你的意思。兩者皆可行。若你要他活下來，外科醫生必須迅速輸注加溫血液和點滴，縫合正在處理的冠狀動脈以及受害者的胸腔，然後以最快的速度將他送到加護病房。與此同時，生物醫療人員將拚命地修復機器。

好故事！令人血脈賁張的場景。

# 95

## 多少劑量的嗎啡能使正在進行癌症療程的人一命嗚呼？

問——我筆下的受害者是轉移性肺癌（metastatic lung cancer）末期病患，他在家中透過輸液幫浦靜脈輸注嗎啡。對於一個七十六歲、重一百四十五磅的男性來說，正常劑量是多少？劑量加倍會導致用藥過量致死嗎？

答——轉移性肺癌是非常折磨人的疾病。起於肺臟的癌症經常轉移到肝臟、腦部和骨頭。醫學上，這些轉移性病變通常稱為「mets」（轉移，metastatic的簡稱）。腦部轉移往往在顱骨內的密閉空間增長，導致周邊大腦組織腫脹，顱內壓升高，造成嚴重不間斷的頭痛。骨頭轉移，譬如肋骨、脊柱，也極度痛苦。因此，病患常用硫酸嗎啡（morphine sulfate）、德美羅（Demerol）、第勞第拖（Dilaudid）及其他麻醉劑止痛。對癌症末期患者而言，藥物成癮的風險不足為慮。

患者可透過間歇性注射，或採用諸多「全自動」方法之一，輸注選用的止痛劑。常見的如不間斷輸液泵，和病人自控式止痛術（patient controlled analgesia，簡稱PCA）。前者顧名思義，就是不間斷地輸注含有鎮靜藥物（通常是嗎啡）的液體。PCA則是一種靜脈投藥系統，讓患者在醫生預先開立的藥量範圍內，自主控制投藥時機。施行方式是將一根裝滿嗎啡的針筒放進自動注射器，和病患的靜脈注射線相連。當患者按下手持按鈕，注射器就會輸出指定劑量的藥物。而設定好的參數將限制病患每小時能「要求」的藥量，但只要在允許範圍內，患者即可依需求決定用多用少。

如同許多藥物治療，嗎啡劑量是依體重計算。多數患者的給藥時間表是每小時每公斤介於〇．二至〇．四毫克，然後視需求逐漸增加劑量。受害者一百四十五磅，經換算約六十六公斤，每小時大約需要十三至二十六毫克。然而，已採取不間斷滴注或ＰＣＡ數週、甚至數個月的病患會產生藥物耐受性，和癮君子的情況一樣。因此，達到同樣鎮靜與止痛效果所需要的劑量愈來愈多。有些患者每小時可能需要高達五百毫克，足以殺死一個極強壯但不習慣此藥物的人。

高劑量嗎啡能抑制呼吸，使血壓下降。若施用量足夠，受害者會停止呼吸，血壓降至極低門檻，最終死於呼吸中止與休克。所需劑量取決於投遞率、受害者的基本健康情況，以及是否對藥物產生「耐受性」。

將建議劑量加倍，不一定足以致命。舉例來說，假設受害者原本每小時使用六十毫克，增加到每小時一百二十毫克（一倍）可能還殺不死他，若提高到四倍，每小時兩百四十毫克，大概就萬無一失了。欲殺死受害者，凶手需維持此用藥率半小時至兩、三個小時。

倘若採單一次注射，增加二十至四十毫克應該就可以了。原本每小時六十毫克等於每分鐘接收一毫克，在短短幾秒內注射二十至四十毫克，等於是將劑量從每分鐘一毫克，巨幅增加到每分鐘四十一毫克，應當能達到目的。嗎啡推注（〔bolus〕一次性迅速注射）的作用迅速，只需短短一分鐘左右，受害者很可能就會呼吸中止和休克。

總之，依據你的設定，想要達到目的，可以選擇增加施用率（提高滴注速率，或提高輸注液每c.c.的藥物濃度，或雙管齊下），或以推注的方式施用藥物。

此外，肺癌病患通常肺「比較弱」，不完全是因為癌症，也歸咎於手術摘除了其中一個肺（部分或完整），以及放射線治療或化療都會破壞「好的」肺臟組織。因此，劑量少一點應該也能殺死受害者。

我建議調整施用率為四倍，或是靜脈推注施打四十毫克嗎啡，就看哪個方法和你的劇情相符。

## 96

### 可以利用輸血反應致人於死嗎？

問——一名年長重病的男子遭護理師謀殺，她將血液調包，引發輸血反應，導致死亡。請問輸血反應是怎麼發生的？受害者有哪些症狀？

答——輸血反應的症狀有非常多種。輕微如皮疹或是發冷與發燒，嚴重則能使人喪命。先來了解一下這些不良反應發生的原因。

紅血球從肺部攜帶氧氣至各個組織，再將這些組織裡的二氧化碳帶回肺部。這個工作是由紅血球內的血紅蛋白負責。紅血球表面有許多抗原（antigen），這就是各種輸血反應的肇因。

抗原有兩種：A抗原和B抗原。血型（ABO血型系統）便是由此衍生而來。A型的人，紅血球上只有A抗原；B型的人只有B抗原；AB型有A、B兩種抗原；O型則兩種抗原都沒有。

此外，血清裡含有抗體（antibody）。這些抗體與輸入血液的抗原產生反應，就是問題所在。

A型血血清中有抗B抗體；B型血血清有抗A抗體；AB型血血清沒有任何抗體；O型血血清同時擁有抗A抗體和抗B抗體。

| 血型 | 紅血球上的抗原 | 血清裡的抗體 |
| --- | --- | --- |
| A型 | A抗原 | 抗B抗體 |
| B型 | B抗原 | 抗A抗體 |
| AB型 | A抗原與B抗原 | 無 |
| O型 | 無 | 抗A抗體與抗B抗體 |

一旦抗原隨著輸血進入有相應抗體的人體內，就會產生輸血反應。舉例來說，A型的人（血清中有抗B抗體）接受B型血（紅血球有B抗原）或AB型血（A、B抗原兼具），將出現不良反應，因為受血者血清中的抗B抗體，會和外來紅血球內的B抗原起反應。這種輸血反應（本質上屬於過敏反應）會造成血液細胞凝集，並釋放多種有害化學物質，也就是造成過敏反應徵候的元凶。

不僅如此，血型配對還有一堆其他的抗原、抗體問題。抗原如眾所周知的Rh因子，分成陽性和陰性，以及其他多半以發現它們的醫生命名的抗原。一個人的「血型」通常僅以ABO和Rh系統表達，譬如A型Rh陽性的人為A型血，含有Rh抗原；而O型Rh陰性的人則是O型血，但沒有Rh抗原。

由於可能造成問題的抗原種類甚多，在輸血之前，血液需經過「血型交叉比對」。將受血者的血液，對即將輸入的血液進行試驗，看是否存在任何抗原和抗體可能造成血液「不相容」，進而引發不良反應。倘若發生傷患大量出血，沒有足夠時間做完整交叉比對的緊急狀況，如槍傷、刺傷或車禍等，醫生將使用「同型配對」進行輸血，亦即A型傷患接受A型血液，然後祈求老天保佑。因為血型可在幾分鐘內查明，但交叉配對需耗費數小時。

我建議你設定受害者為A型，然後安排凶手把血液調包成B型，此舉肯定能引發不良反應。受害者會發燒、寒顫，全身起不規則紅疹。症狀有時在幾分鐘內出現，有時會延遲好幾個小時。一般這類反應致死的機會不大，不過你可以安排受害者併發全身過敏性反應，也就是除了上述症狀之外，再加上臉部、嘴唇、手腳腫脹、呼吸困難、低血壓、嚴重休克且皮膚蒼白、冰冷、溼膩，以及嘴唇、手指和腳趾因發紺略帶藍色。最終心跳停止而死。這是最嚴重的過敏反應，將在輸血後極短時間內發生。

即使受害者撐過全身過敏性反應，腎臟嚴重受損且無從修復的機率也很高，必須接受血液透析。腎臟受損是因為試圖將血中凝集的紅血球濾除。紅血球內血紅蛋白分子所含的鐵，對腎臟組織而言毒性極強。

## 97

### 蜂螫急救包能否改造成殺人武器，使人喪命？

問——我筆下的受害者對蜂螫過敏，在使用蜂螫急救包裡的注射劑後身亡。請問哪種物質一旦和蜂毒血清裡的藥物結合，就會引發致命危險？

答——過敏者遭蜂螫後，隨之而來的劇烈過敏症狀，稱為過敏性反應。將導致肺部支氣管（呼吸管或氣道）痙攣，就像嚴重的氣喘發作，使人呼吸困難與喘鳴。過敏性反應也會使患者的血壓大幅下降，引發休克，若不加以治療，死神將迅速降臨。

過敏性反應和其他過敏反應的常見過敏原，包括抗生素（盤尼西林、磺胺〔sulfa〕）、局部麻醉劑（利度卡因〔lidocaine〕、普魯卡因〔procaine〕）、抗血清（伽瑪免疫球蛋白〔gamma globulin〕）、破傷風）、食物（堅果、貝類及甲殼類、蛋）、碘（用於特定X光檢查），以及昆蟲叮咬（黃胡蜂、蜜蜂、火蟻）。過敏者接觸過敏原物質，可能引發立即且劇烈的不良反應。

緊急治療方法是注射腎上腺素，也就是蜂螫急救包裡、過敏者應隨身攜帶的藥物。腎上腺素能即刻逆轉過敏進程。接著再將患者送到醫院，接受進一步治療，典型的治療方式包括提供氧氣、降血壓藥物、抗組織胺藥物，以及類固醇。

凶手除掉受害者的方法之一，是用水取代腎上腺素。這樣受害者就撐不過蜂螫了。

另一個方法是改變腎上腺素的濃度。降低濃度大概行不通，因為這會達到「部分」治療的效果，說不定足以幫助受害者撐到醫院。增加濃度才是致命之舉。

腎上腺素基本上就像毒品「快速球」，劑量過高會導致血壓顯著上升，心律出現劇烈變化，使用者幾乎是當場死亡。緊急蜂螫急救包裡的艾筆腎上腺素注射筆（Epipen Auto-Injectors）含有〇．三毫克的腎上腺素。

提高劑量五到十倍，也就是一．五到三．〇毫克腎上腺素，能達成你想要的結果（心律不整與死亡），透過靜脈輸注更是萬無一失。以你設想的情境為例，凶手施打多劑藥物（實際上不可能），或對注射的藥物濃度動手腳，皆能達成目的。這個手段的高明之處在於，無須使用額外藥物，驗屍官會以為受害者死於標準劑量的腎上腺素，這類情況偶爾會發生，或是死於過敏反應。當然，倘若驗屍官檢查注射筆，很可能會查出藥物的濃度有問題。但也可能不會發現。

若你想添加另一種藥物，任何類似快樂丸的藥物都能達成使命，因為腎上腺素和另一種藥物的效果會互相加乘。這些藥物大多不難取得，例如古柯鹼（和安非他命混用，就成為「快速球」）、結晶甲基安非他命（crystal methamphetamine），乃至搖頭丸（其成分為亞甲雙氧甲基安非他命）皆可。

這會造成血壓及心率驟升，導致心臟病發作；或是使冠狀動脈痙攣，帶來心臟病發作的風險；或是使心律產生劇烈變化而致命。古柯鹼和冰毒（即結晶甲基安非他命）在引發冠狀動脈痙攣與致命性心律不整方面惡名遠播。受害者注射「快速球」後，將立刻感覺一陣溫暖與潮紅，心臟狂跳，可能因胸部憋悶或有壓力而抓住胸口，最後倒地不起。若是瞬間引發心律不整，受害者將直接倒下，事先不會有任何症狀。

## 98

### 胰島素能用來殺人嗎？該怎麼做？

問——請問用胰島素殺人困難嗎？我知道它不能口服，但能不能透過靜脈注射呢？胰島素過量在解剖時會被發現嗎？殺死非糖尿病患者的成人，需要多少胰島素？

答——胰島素為人體所必需，是由稱為胰島細胞（islet cells）的專門細胞在胰臟內分泌。胰島細胞不停「讀取」血糖濃度，並在人體需要時分泌胰島素。身體的細胞需要胰島素，以便從血液中取得糖分，代謝（分解）糖分，產生熱量。

糖尿病患者通常是胰島素不足，或從胰臟釋放胰島素的系統有缺陷。若不治療，會引發血糖上升，細胞糖分利用改變，以及糖尿病昏迷和死亡等許多問題。

過多胰島素使糖分被某些細胞迅速吸收，導致大腦無糖分可用，進而引發低血糖昏迷，有大腦損壞或死亡的風險。儘管罕見，不過分泌胰島素的腫瘤，也能造成嚴重低血糖。糖尿病患者注射過多胰島素，或在注射胰島素後進食量不夠，也會演變成低血糖。

由於大腦、心臟等器官需要糖分做為能量才能運作，當血糖數值降到低於六十左右，飢餓、噁心、嗜睡（sleepiness）、頭痛和心智混亂等症狀會相繼出現。倘若血糖繼續下降至三十到五十，前述症狀將益發惡化，患者隨後陷入昏迷、大腦損傷，最終不治。此外，也有可能引發心律不整，最後以死亡收場。

現在，回到你的問題。

沒錯，胰島素不能口服。分解食物的消化酵素也會消化胰島素，但胰島素確實可以透過靜脈注射，或添加到靜脈輸注液裡。醫院偶爾會用靜脈注射來控制處於極端狀態的「敏感」（難以控制）糖尿病患者。

根據你的故事構想，從靜脈「推注」五十到一百單位的胰島素，足以殺死任何人。

少於一百大概也能成事，不過為了保險起見，一百是不錯的選擇。藥效將在一兩分鐘內顯現。胰島素也能透過肌肉或皮下注射（後者是糖尿病患者替自己施打每日劑量的方法），比靜脈注射的作用速度稍慢一些（大約要十五至二十分鐘才會失去意識，也可能更少），不過仍足以致命。

是的，驗屍官在驗屍時將發現過量胰島素和非常低的血糖。假使受害者是糖尿病患者，驗屍官也許會理所當然地當作不幸的意外處理。這類悲劇太常發生在第一型糖尿病（胰島素依賴型）患者身上了。但由於受害者並非糖尿病患者，高胰島素和低血糖的數據，將促使驗屍官在胰臟尋找胰島素瘤，若沒有發現腫瘤，便會懷疑有他殺的可能。

## 99

### 糖尿病患者沒施打胰島素會死嗎？或者只是變得病懨懨？

問——將糖尿病患者的胰島素換成水能否置人於死？受害者會怎麼樣，需要多久時間才會致命？法醫能不能查出真相？

答——是的，凶手能以這個方法殺人。不過，受害者必須是第一型糖尿病患者。讓我來解釋。

糖尿病分成兩大類。一種是第二型糖尿病，舊稱成人發病型或非胰島素依賴型。這類患者的胰臟能生產胰島素，只是通常量比較少，所以不需要注射胰島素，而是藉飲食和藥物治療管理疾病。這類患者使用的藥物有些可強化身體對胰島素的敏感性，有些則是促進胰臟分泌及釋放胰島素。

另一種是第一型糖尿病，舊稱青少年發病型或胰島素依賴型。患者的胰臟即使能分泌胰島素，也極為少量，所以必須注射胰島素才能生存。每當新聞報導有兒童走失，而且他急需藥物治療，必須盡快被找到，一般都是第一型糖尿病患者。

受害者若是第一型糖尿病患者，凶手對胰島素動手腳，或稀釋胰島素，或阻止受害者取得胰島素，都會引發糖尿病酮酸血症（diabetic ketoacidosis, DKA），導致受害者陷入昏迷以及死亡。受害者可能要經過數小時或數日才會出狀況，端視他的胰島素需求量、糖尿病的嚴重程度，以及其他因素。

血糖上升與即將陷入糖尿病昏迷的症狀，包括疲勞、呼吸困難、噁心、口渴、尿量增多（血液裡過多的糖分經腎臟過濾，發揮利尿作用，導致尿量突然增加，進而引發脫水）、無精打采、昏昏欲睡、混亂，最終昏迷而死。

解剖時，法醫會發現血糖超標和酸中毒（acidosis），進而推論受害者死於糖尿病酮酸血症。他無從得知患者為什麼不使用胰島素，或是為什麼使用劑量不足。話雖如此，法醫不只解剖檢查受害者，還會檢視採集自現場、有助釐清死亡原因和死亡方式的所有證據。他有可能化驗在受害者家中找到的胰島素瓶後，發現內容物曾被稀釋，而將他殺列入可能死因。

## 100

### 哪種致命物質會讓人以為患者是死於醫療疏失而非他殺？

問——殺手企圖藉由添加某種物質到靜脈輸注液中，謀殺一名住院病患。請問哪些藥物能讓此「行凶殺人」之舉，看起來像醫療疏失，而不是他殺？

答——醫院裡的許多藥物都符合你的故事需求。

任何肌肉麻痺劑皆可行。這類藥物會癱瘓所有肌肉，包括負責呼吸的肌肉，受害者將呼吸停止而死。由於全身肌肉受到藥物影響，受害者無法移動、說話或求救。以安耐克丁和麻妥儂為例，安耐克丁（氯化琥珀膽鹼〔succinylcholine chloride〕）裝在十c.c.的多劑量瓶裡，每c.c.含二十毫克藥物。從靜脈一次注射兩百毫克藥物，受害者幾秒內就會癱瘓。麻妥儂（盤庫諾林〔Pancuronium Bromide〕），裝在十c.c.藥瓶裡，每c.c.含一毫克藥物。同樣建議從靜脈一次施打。

此外，幾乎所有麻醉劑或巴比妥類藥物（巴比）也能奏效。這些藥物大量使用會抑制、甚至造成呼吸中止，多數醫院病房和（或）藥局都有存放。

常見的麻醉劑包括嗎啡、德美羅（Demerol，美匹力定〔meperidine〕）和第勞第拖（Dilaudid，氫嗎啡酮〔hydromorphone〕）。執行方法仍然是過量，從靜脈施打極高劑量，受害者必死無疑。建議嗎啡一百毫克；德美羅兩百五十毫克；第勞第拖二十毫克。

最普遍的兩種可注射「巴比」是戊巴比妥（pentobarbital，品名：寧眠他〔Nembutal〕）和苯巴比妥（phenobarbital）。使用二至五克的戊巴比妥，或五百至一千毫克（〇．五克至一克）的苯巴比妥，沒有殺不死的人。

這類藥物的問題在於會留下痕跡。而且由於致死的方式是抑制呼吸作用，藥效發作後受害者約過兩分鐘才會死亡，這提供護理人員察覺異狀與進行搶救的機會。所以受害者必須被安排在一般病房，不能住進有心跳呼吸監視器的加護病房或冠心病監護病房，否則一旦呼吸減緩，系統就會發出警報。這些設備在一般病房比較不常使用，而且患者不一定總是在護理人員的視線範圍內，因此受害者可能在沒人發現的情況下死去。

另一個選擇是透過靜脈注射氯化鉀（Potassium chloride）；這是用來執行注射死刑的致命藥物。將一劑五十到一百毫當量（milliequivalents, meq）的氯化鉀，從靜脈迅速注射到體內，任誰都不能倖免。它裝在小玻璃瓶裡，每c.c.有四十毫當量。在醫院取得容易，而且經常被隨手亂放。一般是加入靜脈輸注液中，用在體內鉀含量過低的患者身上。施用速率當然比靜脈推注慢得多，而且會留下痕跡，因為解剖時會發現受害者血液中鉀含量過高。即使如此，還是有可能判定為醫療疏失，並將責任歸咎於護理人員。

更有把握的做法是使用受害者已在服用的藥物，只要提高劑量即可。這很容易被當作醫療疏失。舉例來說，若受害者患有心臟疾病，正在服用某種抗心律不整藥物，大量使用就能取人性命，雖然解剖時會發現受害者血中的藥物濃度過高，但可能被當成醫生或護理人員的疏失。奎尼丁（Quinidine）和鹽酸普卡因醯胺（Procainamide）都屬於這類藥物，只要把其中一種從靜脈迅速注射一千毫克，心臟過一兩分鐘就會停止。

常見的心臟用藥毛地黃也是一個好選擇。毛地黃有許多商品名，最常見的是狄各新（Digoxin），一般每日口服劑量為〇．二五毫克。若從靜脈注射兩毫克，可在短短幾分鐘內引發劇烈的心律改變而致死。同樣地，這也可能被視為醫生或護理人員的疏失。

# 101

## 什麼毒品或藥物一旦和單胺氧化酶抑制劑結合會使人喪命？

問——有個女人剛動完整型手術，手術順利，她帶著消炎藥和止痛藥出院。兩天後，她因嚴重藥物反應身亡。解剖發現，有人將她的藥調包成某種危險成分。我考慮使用單胺氧化酶抑制劑（monoamine oxidase inhibitors, MAOIs），請問說得通嗎？我想知道醫生開立的處方，以及令她喪命的藥物名稱為何。

答——答案非常複雜，我盡可能簡單說明。

單胺氧化酶抑制劑是一種奇怪的藥物，而且具有很高的潛在危險。危險到多數醫生避免使用，而且很多舊廠牌的單胺氧化酶抑制劑已停售。然而，還有一些仍在市面上流通，用來治療憂鬱症。例如腦定安（Nardil，硫酸苯乙肼〔phenelzine sulfate〕）就仍可見，是效果強大的單胺氧化酶抑制劑。一般製成亮橘色的藥丸，上面印有「P-D 270」的棕色字樣。一錠含有十五毫克的活性物質（〔active compound〕即有效成分）。

單胺氧化酶抑制劑的生理機制非常繁複，我不想講太多無聊的細節。重要的是，一旦這些藥物和特定藥物或食物一起服用，可能引發嚴重甚至致命的不良反應。

其中最危險的是擬交感神經藥，也就是腎上腺素或類似快樂丸的藥物。與古柯鹼、腎上腺素（通常和局部麻醉劑一起使用以減少出血，像是牙醫常用含有腎上腺素的利度卡因）、偽麻黃鹼（速達非〔Sudafed〕和愛發〔Actifed〕皆含有此成分）、安非他命（幾乎所有減肥藥裡都有）、特定血清素激活藥物（如右芬氟拉明〔dexfenfluramine〕）結合，能導致嚴重不良反應。大部分去瘀血劑、氣喘噴劑、感冒藥和減肥藥皆含有這些或類似物質，可能引發致命交互作用。

食物方面，含有高濃度酪胺（tyramine）、L－色胺酸（L-tryptophan）、多巴胺的食物，包括陳年乳酪、乾臘腸（義式臘腸、薩拉米）、醃製鯡魚、蠶豆、啤酒、葡萄酒、肝臟、酵母萃，乃至咖啡因和巧克力，也會引發危險的反應。

不難理解單胺氧化酶抑制劑為什麼不再流通，因為能夠和它們產生交互作用，引發致命併發症的物質實在是太多了。

最致命的不良反應包括：

高血壓：血壓迅速飆升至收縮壓兩百五十至三百，舒張壓一百至一百三，一點也不稀奇。會導致心智混亂、定向力障礙、頭痛、視力模糊、癲癇發作、失去意識，有休克、腦出血或心臟病發作的可能。治療方法是靜脈輸注五毫克芬妥胺（phentolamine），迅速降低血壓。

高燒：體溫驟升，可能高達四十一至四十二度，甚至更高。一旦體溫超過四十一度，腦細胞將迅速壞死，最終不治。治療方法是泡冷水。

根據你設想的情境，可以將受害者服用的其中兩種藥物，調包成腦定安和任何隨手可取得的減肥藥，譬如諾美婷（〔Meridia，學名：西布曲明 silbutramine〕分為五毫克藍黃膠囊；十毫克藍白膠囊；十五毫克黃白膠囊）或芬特明（〔Phentermine〕十五和三十毫克的膠囊）。若想確保萬無一失，先提供腦定安數日（二至八天，或更多）再使用減肥藥。受害者服用後二十至三十分鐘，或幾個小時內，血壓將迅速升高，引發中風或心跳停止。

受害者將感到劇烈頭痛、視力模糊、暈眩、噁心、呼吸困難、混亂和定向力障礙，或許還會胸口疼痛，或因高血壓導致流鼻血，然後暈倒、死亡。整個過程約數分鐘至數小時，可視你的劇情需求安排。

就像我前面所說，這是個複雜的問題，不過也是很棒的構想。

## 102

**承上題，醫生怎麼分辨藥物引起的發燒和感染引起的發燒？**

問——高燒有沒有可能先被誤診為傳染病？像這樣的情況，解剖會發現什麼？

答——是的，高燒有可能誤導醫生的診斷。醫學有句格言，「常見的事經常發生。」一個人高燒且無精打采，或昏迷、癲癇或有其他神經症狀，一開始醫生都會假設他得了傳染病，特別是腦膜炎，或者腦膿瘍（brain abscess）之類的感染。直到這些可能性排除後，醫生才會思考其他病因。在現實生活中，醫生完全不會想到，發燒是某種藥物和根本沒有開給患者服用的單胺氧化酶抑制劑交互作用所致。因此，除非負責診治受害者的醫生進行藥檢，發現不該存在的藥物，否則事情不會曝光。

排除前述傳染病要做的檢查包括血液培養、電腦斷層掃描或腦部磁振造影、脊椎穿刺（檢查腦脊髓液是否有傳染性生物和白血球數目）以及腦電圖，這還只是初步檢查。

根據你設想的情境，受害者可能會先暈倒或癲癇發作，然後被送到急診室，檢查發現她的體溫高達攝氏四十一度，接著醫生會朝腦部感染的方向進行各種檢查。她的血壓應該很高，腦部感染導致腦部腫脹和顱內壓升高時也會如此。受害者可能不出幾個小時就喪命，因而被列入「驗屍官審理案件」。所有醫院收治且於二十四小時內死亡的人，都必須交由驗屍官檢驗。

醫生無法確定死亡原因是否為傳染病感染。驗屍官進行相驗，找不到任何感染跡象，於是進一步等待毒理和其他檢驗報告，研判真正死因。整個過程需要幾天的時間。

## 103

### 將鉀由靜脈迅速注射到體內是否會致死？

問——將胰島素針筒裝滿氯化鉀（每C.C.四十毫當量），迅速注射到靜脈輸注管裡，接近針頭埋入皮膚的位置，可以殺死住院病患嗎？請問原本的靜脈輸注液會不會過度稀釋氯化鉀？如果受害者正在接受脫水和營養不良的治療，而此舉奏效的話，有沒有可能被當作醫療事故？他本來就會接受氯化鉀之類的藥物輸注以增加電解質嗎？

答——完全可行。脫水和營養不良的患者通常會接受靜脈輸注，一般是用「每公升含有四十毫當量氯化鉀的D5 1/2 Normal Saline」，也就是一袋一公升、二分之一濃度的生理食鹽水中含百分之五的葡萄糖，另外添加了四十毫當量的氯化鉀。醫生通常以每小時一百至兩百c.c.的速度施用，代表鉀的輸注速率約每小時四到八毫當量（一千c.c.含四十毫當量，所以每一百c.c.輸出四毫當量）。

每小時輸注超過二十毫當量的氯化鉀會造成危險，上述的流速遠低於危險值。將一百毫當量的氯化鉀從靜脈推注，顯然超過危險值，而且透過「靜脈推注」沒有稀釋的問題，此劑量能使任何人的心臟在幾秒內停止跳動。

但我必須提醒，如此高濃度的氯化鉀會造成嚴重灼傷，因此除非陷入昏迷或使用大量鎮靜劑，否則受害者一定有所反應。他絕對會死得很快，不過在人生的黑幕拉下前，因為劇烈灼傷，他也將高聲喊叫。若把這個因素融入劇情，就沒問題。

劇情可做幾種不同的安排，例如受害者陷入昏迷或注射了鎮靜藥物；在注射氯化鉀的同時，凶手將枕頭蓋著受害者的臉；護理人員也許因為Code Blue或走廊另一端不願配合治療的患者而走遠；或者凶手觸動火災警報，製造混亂。

## 104

### 若用枕頭悶死肺結核病患，枕頭會被血弄髒嗎？

問——被枕頭悶死的人看起來是什麼樣子？若他們患有肺結核，枕頭上會不會有咳嗽噴濺出的血跡？

答——枕頭造成的窒息，比扼死或索狀物勒殺留下更少「證據」，因為脖子不會有瘀血或擦傷。然而，所有類型的窒息都會導致結膜與鞏膜出現點狀出血（又稱瘀斑〔petechiae〕）。瘀斑是鮮紅色的微小斑點，通常大小如針尖或稍大。屍體顯現這些瘀斑，代表受害者死於某種形式的窒息，你筆下的法醫或偵探應該就能很快查明真相。

除此之外，多數窒息死者皮膚呈深紫色，尤其是頭部、頸部和上半身。倘若受害者死前掙扎，他很可能咬傷舌頭，有時傷得很重，或者指甲裡留有攻擊者的皮屑和血液。即使受害者是肺結核患者，出血的機會仍不大，不過確實有可能。肺結核是由結核桿菌（*Mycobacterium tuberculosis*）造成的肺部傳染病。這種細菌導致結核（也稱做肉芽腫〔granulomas〕）在肺部形成。結核基本上是小結節（〔nodule〕小圓腫塊或肉團），介於微生物至針尖般大小，散布於整個肺部，主要由細菌和被派去對抗感染的各種白血球細胞組成。這些結節是身體嘗試「隔絕」或控制感染的產物。

偶爾結核結節會乾酪性壞死（〔caseate〕即分解或液化），如此便會出血，導致病患咳出帶血的痰，醫學上稱為咳血（hemoptysis），也就是咳嗽咳出血或血痰。一般不會嚴重出血。

根據你設想的情境，受害者掙扎呼吸的過程中可能導致出血，不過應該只會在枕頭上留下幾道血絲，不至於大量出血。

# 3 犯罪偵查
## Tracking the Perpetrator

# 警察和犯罪現場
The Police And The Crime Scene

## 105

## 近距離槍擊的傷口是什麼樣子？

問——一名年輕人太陽穴遭近距離槍擊，他在兩小時內被人發現，請問傷口會是什麼樣子？單純一個洞嗎？周圍會不會瘀血？

答——槍枝射擊時，子彈不是唯一離開槍口的東西，灼熱的氣體和燃燒以及未燃燒的火藥也會一起從槍口噴出（圖17）。

這些都會改變入口傷的型態，法醫可藉此判斷槍口與受害者之間距離。（圖18）。

若槍口與受害者距離幾呎，射入口會是一個小洞，比彈頭本身還小，這是由於皮膚的彈性（圖18a）。瘀青連同黑色的污漬會在入口周圍形成一圈青黑色的區塊，稱之為擦傷環（abrasion collar），這裡的皮膚實際上把子彈穿過槍管時沾上的火藥、塵垢和油漬給擦乾淨了。這些污漬往往只要用濕布就能輕鬆擦掉。

圖17

圖18

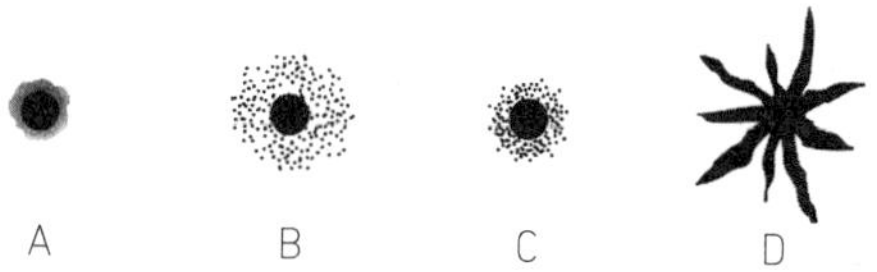


若槍口距離射入口更近，皮膚上甚至會留下「火藥刺青」或「點畫」（圖18b）。這是由於燃燒或未燃燒的火藥從槍口噴出，以及細小的微粒嵌進皮膚，導致傷口一帶形成小點狀出血。這些就擦不掉了，因為微粒實際上是嵌入（刺進）皮膚裡。

要是槍口距離皮膚非常近，火藥刺青會很密集，而且聚在傷口附近，因為彈頭與火藥微粒成扇形散開的半徑更短（圖18c）。此外，皮膚會被噴出的熱氣灼傷、燒焦。

若槍口緊貼皮膚（接觸型槍傷），實際的入口傷可能比子彈更大，也會造成更大片的焦痕。傷口更粗糙且不平整，而且通常呈「星狀」紋路（圖18d）。接觸型傷口若是位於骨頭尤其如此，你的故事設定就是一例。由於膨脹的氣體無法「撐開」槍管或骨頭，所以只能循著「阻力最小的路徑」，也就是將遭槍口抵住周圍的皮膚一層層撕裂，橫向「逃跑」。

出口傷將大而不規則，因為彈頭通過顱骨兩端。一般來說，彈頭每次撞到骨頭，就變得更扁、更扭曲，甚或「開花」，於是造成大而不規則的出口傷。

# 106

## 承上題，一個人遭近距離槍擊，彈頭會貫穿顱骨嗎？會的話，法醫能否用那枚彈頭進行彈道分析？

問——無論受害者從「近距離」或是幾呎外遭到槍擊，彈頭是否都會貫穿顱骨？如果彈頭真的貫穿顱骨，法醫有辦法判斷使用的彈藥類型嗎？

答——隨你選擇。貫穿或沒貫穿很難預測，兩種結果都合理。

決定彈頭是否貫穿顱骨的因素包括子彈的大小與重量（口徑），子彈是否為中空彈，子彈是否以金屬、鐵氟龍或其他耐用塗層包覆，槍口速度（子彈移動的速度），顱骨厚度，彈頭撞擊顱骨的角度，以及其他因素等等。相較於小型、高速、有鐵氟龍塗層的子彈，大型、慢速的中空彈貫穿顱骨的機率相對較低。

除非彈頭受到顱骨、牆壁，乃至彈頭嵌入物的嚴重損毀，否則彈道專家應該能辨識彈藥類型。若在現場發現武器或同一把槍射出的其他彈頭，他們也許還能找到槍膛膛線（rifling grooves）進行比對。一旦彈頭破裂、壓扁或扭曲變形，就無法準確確認。若是找不到彈頭，經驗老到的法醫或許能夠從彈頭行經顱骨和大腦內部的路徑，「推測」口徑和彈藥類型，但很難得到確切答案。老話一句，彈頭能不能辨識出來，隨你選擇。兩者都合理。

## 107 存血能否用來「假造」死亡？

問——倘若有人存血做為假死的手段，驗屍官看得出血液不是「新鮮的」嗎？我構思的場景是一輛車從懸崖栽進海裡，車內找不到屍體，不過玻璃和內飾上有「受害者」的血跡，警方因而認為屍體一定是沖進海裡了。請問保存血液需要防腐劑以避免凝固嗎？血液能否一再解凍？鑑識檢驗看得出血液經過儲存或解凍嗎？鹽水會不會妨礙DNA比對？

答——「受害者」可以抽取自己的血液，再用乙二胺四乙酸（EDTA）之類的抗凝血劑（可防止血液凝固的物質）保存，或任憑血液凝固，然後將其冷藏或冷凍。在典型的犯罪現場，好比室內或不毛之地發生的「意外」，法醫或許能夠藉由顯微鏡觀察血塊的微細組織，判斷血液是否事先就已凝結。舉例來說，地毯上有一大團血塊，可是血塊周圍的地毯卻沒有浸滿血液，如此便能得知血塊是被丟在那裡，而不是從受害者體內流出。

法醫也能判斷未凝結的血液是否經過冷凍。他會檢查紅血球是否出現冷凍過程產生的裂縫。另外，由於血液離開身體後會迅速凝結，法醫若發現一灘未凝結的血泊，就會推測血液含有某種抗凝血劑，因此犯罪現場一定是假造的。接著他會驗血，檢查是否存在抗凝血劑。

但如果血液經過急速冷凍再解凍傾倒在現場，任其凝結，法醫大概無法判定血液是冷凍過的。因為血液凝結過程會碎裂和摧毀絕大多數紅血球，因此紅血球細胞破碎，會被視為血液凝結所致。

不過，法醫不一定每個案子都能做出明確判斷。

根據你描述的場景，車子應該會泡在水裡甚至沉在水面下，這將徹底改變證據。血液絕大部分會被海水沖掉，車座、車門及車窗玻璃上或許還有殘餘血跡。在此情況下，法醫不會預期找到血塊或未凝結的血液，他應該只會剪下一塊內飾做分析之用。

血跡足以讓法醫進行DNA比對，而鹽水不會改變什麼。

有兩件事可能讓法醫感到不對勁，進而起疑。其一是血跡的型態。若它看起來像是「精心安排」的，而非這類意外應有的型態，他可能就會對現場起疑。另一個線索是血液中的EDTA過高。不過前提是法醫檢查了EDTA的數值。食品雜貨店有時會在蔬菜上噴EDTA，保持新鮮度，因此每個人血液中都含有微量的EDTA。無論受害者體內的EDTA含量高低，要證明其濃度「過高」並不容易，因為沒有可以比較的「正常」濃度。即使如此，濃度過高或許會讓法醫認真考慮其他可能，你也得到貫穿故事的一條線索。

## 108 若以甘油進行血液防腐，在「假造」的犯罪現場找到的血液是否含有甘油？

**問**——在我的故事中，犯人利用一袋以甘油防腐並經冷凍保存的血液，栽贓為血液證據，竄改犯罪現場。我想問的是：

檢查犯罪現場採集的血液是否經過冷凍，是法醫一貫的作業嗎？冷凍會妨礙DNA分型嗎？

若血液經非專業人士解凍，沒有妥善處理，還會保有和新鮮血液相似的外觀嗎？如果沒有特別針對甘油做檢驗，或是檢驗樣本是否含有非法麻醉劑，法醫仍會發現甘油嗎？

**答**——在犯罪現場採集血液通常是用棉花拭子，然後存在玻璃瓶等待檢驗。儘管以顯微鏡檢驗血液樣本可能發現血液經事先冷凍的證據（紅血球細胞冰晶破碎），但這並非例行項目，而且無法用拭子採集到的血液進行。

DNA檢驗無須完整的細胞，因此冷凍、解凍、凝結或乾燥的血液對DNA比對皆不構成影響。

如果將解凍的血液四處灑在地板、家具或床單上，看起來就跟其他來源的血液沒有兩樣。當然，缺乏血塊代表血液裡添加了某種抗凝血劑，如EDTA或甘油。這取決於犯罪現場發現的時間而定。假如犯罪現場馬上就被發現，那麼任一灘血泊都應該以極快的速度（幾分鐘內）凝結，而不是維持液態。若過了一陣子才被發現，這些血泊應當已凝結並呈現果凍般的黏稠質感，否則法醫就會懷疑裡頭含有抗凝血劑。要是發現的時間更晚的話，血液乾透了，法醫就難以判斷血液在乾掉之前是否凝結。

甘油是一種有機酒精，具有多項工業用途。它是建築外牆塗料和其他保護性塗料用橡膠與合成樹脂的基本成分，冰淇淋、起酥油和烘培食品裡的乳化劑和穩定劑，也用來製作硝化甘油，以及冷凍紅血球（避免細胞冰晶破碎）、精子細胞、角膜和其他活體組織的保護媒介。

不消說，如果法醫針對甘油進行檢驗，他一定會發現真相，但甘油並不一定包含在例行「藥毒物檢驗」之中。不同實驗室有不同的檢驗項目協議。也就是說，若你安排甘油沒被發現是合理的，反之亦然。

## 109

### 遭勒死的人瘀青多快出現？

問——遭勒死的受害者頸部出現明顯痕跡的速度有多快？其性質為何？施加的壓力會透露凶手是右撇子或是左撇子嗎？

答——受害者頸部的痕跡基本上是挫傷或擦傷，就像撞到門或桌子所受的傷。痕跡通常在幾分鐘內就會出現，從破裂微血管滲透到組織的血液造成藍色的變色。若受害者遭人勒死，心臟停止跳動和血管中血液凝結的速度相當快，一旦血液凝結，瘀青就不會發生。換句話說，死人不會瘀青。

瘀青來自勒殺之際、受害者死亡之前滲出的血液，因此幾乎是立即發生，只不過法醫認定挫傷所致的表面變色可能過幾分鐘才顯現。

典型勒殺的傷痕是繞頸一圈的藍色變色。這些傷痕非常獨特，甚至連手指的輪廓都看得到，若是索狀物勒殺，就連繩索或是鐵鍊的樣式都辨識得出來。

施加的壓力愈大，瘀青的情況就愈嚴重。慣用右手的人，通常右手比較強壯，左撇子則相反。因此，法醫有可能從瘀青判斷凶手的慣用手，起碼能夠做出有根據的推測，鑑識科學很多時候就是這麼一回事。

## 110

### 屍體腐爛多久後開始發臭？

問——正常情況下，一具陳屍家中未被發現的遺體，大概多久後會開始散發足以引起鄰居注意的惡臭？

答——一般來說，二十四至四十八小時。那是屍體開始散發味道的時間，接著氣味將益發惡化。

屍體的分解作用分成兩種不同的過程。自溶（autolysis）是人體細胞和組織的無菌分解，通常來自存在細胞內的酵素的作用，有點像是「自我消化」。這屬於化學反應，而且受熱便會加速，遇冷則減速。第二個過程是拜細菌所賜的腐化。造成腐化的細菌來自環境以及住在屍體結腸內的一般細菌。這些細菌喜歡溫暖舒適的環境，和前面提到的細胞裡的酵素一樣。因此，腐化也會在室溫較高時加速，在寒冷的環境中減速。

如果故事背景設定在八月的紐奧良，房間裡的屍體會在約莫二十四小時內開始發臭；若是一月的芝加哥，在未開暖氣的公寓則需要一週或更久的時間。而在溫帶氣候下，通常約需一到兩天。

## 111

## 法醫和警察會用薄荷膏掩蓋屍體腐爛的臭味嗎？

問——很多驗屍官進到犯罪現場或進行解剖時，塗在上唇的東西是什麼（我猜是用來沖淡臭味）？有什麼特別之處嗎？在無法取得的情況下，能否改用其他東西（好比維克斯〔Vicks〕薄荷膏）？

答——可以，驗屍官經常使用維克斯薄荷膏。此外，外科醫生進行清創（清除壞死和〔或〕受感染組織），如梭菌（clostridia）造成氣性壞疽（gas gangrene）等惡臭傷口時，也會將薄荷油灑在外科手術用口罩上。相信我，那絕對是你所能遇見最可怕的氣味。它會讓你的胃打結，眼睛飆淚。薄荷的幫助其實微乎其微。若清創面積較大，需要一陣子才能完成，外科醫生還會輪番上陣，大約每隔二十分鐘左右就換人上場。氣性壞疽的臭味就是如此難以忍受。

當警察或犯罪現場技術人員必須靠近腐爛屍體工作時，通常會在上唇塗一些維克斯沖淡氣味。

所幸人類的嗅覺神經（將鼻內嗅覺細胞和大腦連接的神經）很容易「疲乏」，也就是傳送「氣味訊號」到大腦的能力，隨著暴露在臭味中的時間愈長而減弱，使得臭味逐漸不那麼強烈。每個人都有這樣的經驗。多等幾分鐘之後，噁心的臭味會變得比較能夠忍受，或微弱的臭味逐漸變淡，乃至徹底消失。就連熱騰騰蘋果派美妙的香氣也是初聞時最濃郁。

## 112

## 冷房能延遲屍體腐化氣味散出的時間嗎？

問——我的故事情境如下：一名推理小說家吃完午餐返家，小睡一會，然後持續寫作直到就寢，隔天早上起床後，便工作到午餐時間。此時，警察上門來找已和她分居七個月的丈夫（他也是警察），因為他前一晚執勤沒出現。警官在書房裡發現他的屍體。門是關著的，空調始終保持運轉。請問屍體腐爛的氣味會在二十四至三十六小時後瀰漫整間屋子嗎？那位作家不知道房間裡有屍體可信嗎？

答——簡單來說，沒問題。

屍體的分解作用在死亡之後立即啟動。細菌（包括外在環境和腸道內的細菌）開始分解組織，正常情況下，約二十四至四十八小時後，屍體腐爛的氣味變得明顯。這個時間表取決於許多因素，尤其是環境溫度。溫暖的環境會加速細菌生長，連帶加快腐化分解的過程（有如恆溫箱），寒冷的環境則會減慢整個過程（有如冰箱）。

如果房間裡很溫暖，腐化的臭味可能在二十四小時內產生；若室外低溫或空調導致房內寒冷，則需要三到四天，甚至更久。所以，你安排的時間點是可行的，空調減緩腐化過程，緊閉的門則有助於將臭味留在房內。

## 113

### 未埋葬的屍體多久之後會化為白骨？

問——我筆下一名遭謀殺的男子暴屍在五月西北部的山區。該地區適逢早春，晝暖夜涼。除了一般常見的山區動物，此處還有熊和大型貓科動物出沒。請問死亡四到五週，屍體會分解到什麼程度？我知道骨頭可能散落四處，毛髮仍然存在，但經過這段時間，骨頭有沒有可能已經變「乾淨」了？

答——屍體化為白骨所需的時間長短難以概括，取決於許多因素。在你設想的情境裡，有助於組織迅速喪失的因素包括：

- 氣候溫暖加速細菌所造成的分解。
- 屍體未掩埋，暴露在空氣、氣候、細菌和掠食者之中。
- 屍體暴露的時間長度。

經過四到五週，當屍體被發現時，很可能只剩下上面有著牙齒和頭髮的骨架。如你所說的，有些骨頭可能已經消失，有些骨頭則被掠食者帶走而散落各處。

# 114

## 「Calor Mortis」是什麼意思？

問——「Calor Mortis」是指什麼？死亡後身體的顏色？身體顏色在死後會改變嗎？

答——Calor mortis是一個現在已不再使用的古老名詞，並不是指屍體的顏色，而是死後身體的溫度。Calor的意思是熱。我們都知道卡路里（calorie）就是從這個字根衍生而來，卡路里是科學上的熱量單位。Mortis意指「死亡的」。因此，calor mortis指的是死後的體溫變化。

死後蒼白（pallor mortis）指的是屍體在驗屍時的顏色。Pallor意指蒼白。死亡時，心臟功能和血流都停止，於是屍體呈現蒼白、蠟質或橡膠般的外觀。死後蒼白指的就是這樣的蒼白。

此外，血液停止循環後便停滯，並受地心引力的支配而沉降，造成低位區出現帶藍色、灰色、紫色的變色。這種暗沉稱為屍斑（livor mortis或lividity）。

簡言之，calor mortis指的是屍體溫度，pallor mortis是死後蒼白，livor mortis是低位區因血液沉降造成的深色變色（屍斑）。

## 115

# 屍體在什麼情況下會木乃伊化？

問——在我的書中，有人發現一具已經木乃伊化（mummification）、十年前失蹤的孩童遺體。請問在什麼地方發現這具屍體才合理？

答——屍體經天然保存的狀況，可能在各種不同的客觀環境中發生。數百、數千年來，永凍層地區已冰凍保存了無數屍體；泥炭沼澤也有相同的功能。沼澤是通常地勢較低的地區，潮溼、吸水且主要由泥炭和泥炭蘚組成。一般呈酸性，因此沉進沼澤的屍體不會經歷細菌降解（degradation），多年後被發現可能依然保存良好。

不過，木乃伊化需要乾燥的氣候。不論是冷是熱，一定要乾燥且最好有空氣流動，但並非必要。乾燥或脫水是導致屍體木乃伊化的主因，缺乏水氣不利於細菌滋生，使腐爛分解暫停或減緩。

屍體乾化造成肌肉、器官和皮膚萎縮，變成深棕色或黑色，而且摸起來有皮革感。整個過程可能耗時數週至數個月，視環境條件而定。一旦木乃伊化，屍體可保持完好無損數年、甚至數十年。

至於受害者陳屍的位置，任何乾燥、不受天候影響，且不受掠食者侵擾的地方都可以。閣樓、地下室或房屋與其他建物的夾層，都能提供合適的條件；沙漠掩埋也是一個選擇。

屍蠟（adipocere）則是另一個長期保存屍體的可能性。屍蠟是源自人體脂肪的蠟質物質，由富爾克魯瓦（Fourcroy）於一七八九年首次記述。

屍體除了徹底腐爛外，另一個可能就是形成屍蠟。事實上，絕大多數屍體剛開始都是腐化與屍蠟化同步進行。若環境因素有利於細菌滋長，進而促成腐化，則屍體將腐敗分解；若環境因素抑制細菌滋長，有利於屍蠟形成，屍體就會保存下來。在某些個案中，屍體既腐化也形成屍蠟，導致屍體部分保存下來，部分遭到破壞。

屍蠟形成需要特定條件。若屍體被埋在潮溼的土壤裡、浸泡在水中，或放在地下聖堂或地窖裡，就會形成屍蠟。關鍵是必須有水氣。在潮溼的環境條件下，厭氧的（意指其生長不需要氧氣）產氣莢膜梭菌（〔*Clostridia perfringens*〕造成氣性壞疽的細菌）得以攻佔屍體，產生卵磷脂酶（〔lecithinase〕使屍體脂肪水解和氫化的酵素），進而形成屍蠟。

屍蠟是蠟質物質，顏色不一，從白色、帶粉紅色到灰色或帶綠灰色都有。它需要三到十二個月的時間形成，可維持數十年，不過通常會隨著時間逐漸變得脆弱。

重要的是，相較於腐化過程常見的組織分解，屍蠟形成會按照死後的形狀將屍體永久「鑄型」。某些臉部特徵及刀傷或槍傷，可能會如實保存。基本上，屍體看起來就像是蠟像。

上述不同選項應該有一個能符合你的需求。

## 116

### 有可能從乾屍上取得指紋嗎？

問——可以從木乃伊化的屍體上取得指紋嗎？

答——看情況。這無疑要看屍體的敗壞程度。一般來說，保存良好的乾屍手指顏色深而皺縮，且粗糙如皮革。若將乾屍的手指浸泡在百分之二十的乙酸（〔acetic acid〕也就是醋酸）溶液中二十四至四十八小時，可使其膨脹成正常大小，指腹的溝槽紋路也會現身；浸泡在甘油裡也能達到相同效果。法醫也可以小心切下指腹皮膚，並壓在兩片載玻片之間，如此一來或可辨識出指紋。

## 117

### 以水泥封住的屍體會木乃伊化嗎？

問——某人因槍傷喪命，他的屍體在四年後一棟建築物付之一炬而重見天日。該建築物燒到只剩地基，工人在清理現場、挖除殘餘水泥時發現了屍體。此時，屍體應該呈現何種狀態？變成乾屍嗎？有沒有辦法辨識身分？另外，關於謀殺的場景，我還沒想好要怎麼在灌水泥前，把屍體藏進地基裡而不被識破。

答——屍體可能變成白骨，也可能變成乾屍。若是後者，它看起來會暗沉且有如皮革。身分辨識大概得仰賴牙科紀錄，或指紋也是一個管道。有些技巧可以將乾屍的指紋還原。即使化做白骨，彈頭可能還在「木乃伊」體內或附近。肋骨（或其他骨頭）骨折、凹陷，外加彈頭碎片，或許能成為揭露真相的線索，促使法醫認定死亡原因為槍傷。

根據你埋在水泥底下的設定，乾屍是比較可能的結果，因為沒有太多空氣接觸屍體，分解作用自然減緩或暫停。再者，屍體不會受到掠食動物和氣候的影響。

至於挖掘的面積和深度，屍體可以僅部分掩埋（事實上，簡單用泥土稍微覆蓋就夠了），操作水泥車的人不會注意到地基溝槽的表面有些微「隆起」。

## 118

### 若一具屍體被砌在磚牆裡數年，會變成乾屍嗎？

問——一名身材中等的年輕女性遭殺害後，被用磚封在壁龕裡數年。我想知道屍體看起來會是什麼樣子？那是一處室內空間，乾燥且沒有對外開口（但並非真正密閉）。這棟房子位在英格蘭湖區（Lake District），無人居住，夏天沒有空調降溫，冬天也沒有暖氣。這具屍體會變成乾屍，還是除了骨骼外都會腐爛分解？屍體木乃伊化時，眼球是否會乾透、萎縮，沉陷到眼窩裡？

答——木乃伊化或白骨化（腐化到只剩骸骨的地步）都有可能。若環境空氣潮溼，譬如靠近海岸，比較可能化為白骨，因為溼氣有利細菌滋長與組織腐化。如果空氣乾燥，屍體十之八九會木乃伊化成堅韌、發黑的屍體，外觀猶如皮肉縮水包住骨頭。內臟可能會變乾並萎縮，就像個縮水的捲餅。整具屍體顯得很小，若空間允許的話，手腳很可能縮成胎兒姿勢。

是的，眼球有可能縮水到難以辨識，或形成如豌豆大小般的堅硬繩結狀，不細看還不會發現。眼窩看起來凹陷，甚至是空的。

雖然兩種情況都有可能，但乾屍的視覺效果比較強烈，而且更令人毛骨悚然。

## 119

### 我們有可能「欺騙」測謊機嗎？

問——我想安排故事中的殺人犯通過測謊，即使他確實犯下罪行。「欺騙」測謊機是可能的嗎？可能的話，該怎麼做？

答——測謊機（多功能記錄器〔polygraph〕）並非精確的測試，因此法庭上普遍不會採納。執法人員主要是藉由測謊排除部分嫌疑人，縮小調查範圍。儘管它的精確度不是百分之百，有時仍能幫助釐清案情。

測謊機測試身體面對壓力的多項反應。它是由一個血壓袖套、測量呼吸的胸帶、測量受電擊皮膚反應的皮膚電極片，以及蒐集數據的記錄器所組成。當人感到壓力時，血壓和心率會上升，呼吸變得更深更頻繁，而且毛孔會出汗。汗水中的電解質（鈉、鉀、氯化物）會增加皮膚的電導率（electrical conductivity），也就是膚電反應（galvanic skin response, GSR）。審訊者依據壓力所導致的參數上升，尋找受試者可能說謊的線索。

在測試前的面談中，審訊者會提出問題，確認受試者是否罹患任何疾病或精神障礙，或者正在服用可能干擾這些反應的藥物，進而導致測試無效。

「打敗」測謊機最簡單的辦法，就是讓它「沒有結論」。也就是說，審訊者無從判斷受試者是否說謊。患有戲劇型人格障礙（又稱表演型人格障礙），以及非常容易緊張或恐慌發作的受試者，就算能夠測謊，進行起來也是困難重重。佯裝出戲劇型人格障礙的反應，也可能使結果無效或混淆結果。

測謊時，審訊者會問些不具壓力且容易如實回答的問題。例如，你今天早餐有吃蛋嗎？你是不是住在榆樹街一百二十三號？簡單，無壓力。接著再穿插比較有壓力，或與調查案件更直接相關的問題。像是你有和瓊斯先生起衝突嗎？六月三日晚上你在他家嗎？你是不是用鐵鎚殺死瓊斯先生？問心無愧的人回答這些問題的反應是一致的，愧疚的人被問到尖銳問題會變得緊張。然而，過度敏感的人無論問題是否具威脅性都會有反應。他們對一切事物感到恐慌，因此任何風吹草動都會造成血壓、心率、呼吸和膚電反應波動。

強迫自己對任何問題展現恐慌反應，應該足以欺敵，導致測謊沒有結論。凶手可以刻意繃緊肌肉，呼吸得更加頻繁深沉，無論被問什麼問題，都持續專注在令自己焦慮的念頭，甚至是犯行；或是在鞋子裡放根圖釘，每被問一個問題，就踏一下。審訊者不一定能夠區分這種強迫製造的壓力和因說謊而生的真實壓力。

另一個辦法是反向操作，也就是從頭到尾保持鎮靜。有些社會病態者（〔sociopath〕俗稱反社會人格）和正常人不一樣，完全不會感到愧疚。雖然不常見，但他們或許能不費吹灰之力打敗測謊機，因為他們「感覺不到」愧疚。或者，你筆下的凶手可以某種放鬆技巧，消除緊張反應。生物性反饋、視覺想像、呼吸控制或其他「冥想」技巧也許能奏效。又或者，他可以使用藥物。酒精、毒品及其他鎮靜藥物可能有幫助，前提是他的行為舉止必須足夠「清醒」來接受測試。

還有一個選擇是稱做「乙型交感神經阻斷劑」（$\beta$-blockers）的藥物，常見的有恩特來（Inderal）、天諾敏（Tenormin）和舒壓寧（Lopressor）。在接受測謊前一到兩小時，使用十毫克的恩特來、二十五至五十毫克的天諾敏，或五十毫克的舒壓寧，應能瞞天過海。這些藥物阻斷腎上腺素對心血管系統的影響，因而降低血壓，減慢心率，還能使大腦平靜下來，減少壓力造成的出汗。藉此充分改善壓力反應，幫助凶手「通過」測謊。

# 120

## 酒醉者能在現場實地酒測中「裝清醒」嗎？

問——我筆下的人物喝醉了，可是他必須趕緊去營救摯愛。他因超速被警察攔下……說來話長，總之不管他怎麼解釋自己的情況，警察都不相信他。他有可能在接受現場實地酒測時「裝清醒」嗎？或是騙過呼吸測醉器（breathalyzer）或酒醉的血液檢查？

答——讓我猜猜看，你需要在星期六晚上前知道答案？

想要騙過呼吸測醉器或血液酒精測試，實際上不可能。這些測試很精確，而且你也沒辦法「隱藏」血液或吐氣中所含的酒精。

在喝醉的情況下，要通過現場實地酒測頗有難度。由於酒精會影響控制平衡、步伐、移動和協調性的小腦，而實地酒測是專門設計來評估小腦功能的。在酒精的影響下，小腦功能將會失常。

閉上眼睛站立，手臂向兩側打開或單腳站立，身體會搖搖晃晃，甚至可能跌倒。腳尖接著腳跟走一直線，卻變成搖擺蜿蜒的步伐。用手指碰鼻子，結果卻戳向眼睛。臉朝前，眼睛看向側邊，卻造成眼睛橫向反彈，這稱做眼球震顫（nystagmus）。無論多專注於這些動作，浸滿酒精的小腦注定表現失常。

把人抓起來，警察先生。

## 121

### 指紋可以從皮膚上取得嗎？

問——可以從遭徒手勒殺的受害者的脖子上取得指紋嗎。死後多久仍可採集指紋？

答——簡短回答，可以。但時機稍縱即逝，而且需要許多因素的配合。不過，確實曾有從皮膚上採集指紋用於指認犯罪者。在活人身上，指紋能保留六十至九十分鐘，在死者身上更久一些，視環境條件而定。總之，指紋愈早採集愈好。

從皮膚採集指紋有幾種不同的技術：

Kromekote 法：用 Kromekote 卡紙按壓可疑指紋（也可以使用未曝光的寶麗萊底片），然後以黑色指紋粉採集。接著拍攝採集到的指紋，最後以玻璃紙膠帶取下。

磁刷法（The Magna-Brush Technique）：以極為細緻的鐵粉（MacDonnell Magna Jet Black Powder）刷拭屍體或屍塊，再拍攝浮現出來的指紋。一般會從最能夠揭露溝槽細節的角度，以光線直接照射指紋。

電子發射式攝影術（Electron Emission Radiography）：將細緻鉛粉撒在可疑指紋所在的皮

膚位置，然後以X光檢查。不過，X光設備的笨重降低了這種項技術的實用性。

碘銀版轉印法（Iodine-Silver-Plate Technique）：讓可疑部位接觸碘蒸氣，潛在指紋的水氣會吸收碘蒸氣，接著將銀粉撒在上面，銀會與碘產生化學作用，形成碘化銀。此化合物在強光下顏色會變深（碘化銀是感光底片的原料），就能看得見指紋。或者，用碘燻蒸之後，使用α－萘黃酮（alpha-naphthoflavone）顯現出指紋紋路分布。

氰基丙烯酸酯燻蒸（Cyanoacrylate Fuming）：經過燻蒸後，潛伏紋會呈現白色。為了讓指紋更清晰易見，經燻蒸的指紋可以各種的生物染劑、商業染液，或銪配合物進一步上色，再以紫外光等替代光源照射或拍照。

# 驗屍官、犯罪實驗室和屍體解剖
The Coroner, the Crime Lab, and the Autopsy

## 122

### 誰可以擔任驗屍官？

問——我的故事背景設定在一座小鎮。為了劇情需要，郡驗屍官（還是法醫？）同時也擔任當地警長。請問這種情況可能發生嗎？誰能擔任驗屍官？他需要具備哪些能力？

答——可以，警長可以擔任驗屍官，不過他不會是法醫。且容我解釋。

驗屍官（coroner）和法醫（medical examiner, ME）經常令人困惑。驗屍官是經選舉而來的官員，負責所有和死亡相關的法律事宜，例如死亡證明書、出庭、監督驗屍官辦公室的運作。法醫，顧名思義是專攻鑑識的醫生，而且通常是法醫病理學家。

經推舉的驗屍官通常是法醫，如今多數州都開始要求驗屍官候選人需具備法醫資格。在驗屍官無須具備醫學訓練的轄區，會另聘經正規訓練、可執行鑑識工作的法醫。

而這個法醫通常會得到副驗屍官（deputy coroner）的頭銜。

在美國多數都會地區，驗屍官就是法醫，然而，若你的故事發生在偏僻小鎮，驗屍官可能是地方警長、喪葬承辦人或汽車技師；任君挑選。故事的轉折將無窮無盡。

## 123

### 什麼情況下會進行驗屍，誰有資格提出要求？

問——在什麼情況下必須進行驗屍？誰有資格提出正式要求？受害者家屬能阻止驗屍嗎？

答——管理驗屍官辦公室或法醫辦公室的法規，因司法管轄區的不同而異。不過，絕大多數辦公室都遵循類似的指導原則：暴力死亡（意外事件、他殺、自殺）、工作場所死亡、可疑死亡、猝死、出乎意料的死亡、囚禁時死亡、未經醫生治療的死亡，以及經醫院收治二十四小時內死亡，一般都會成為「驗屍官審理案件」。

在家中去世的病人，通常會由知情的醫生負責開立死亡證明書。若病人患有嚴重心臟疾病、癌症或任何有死亡風險的疾病，也會由醫生簽發證明，一般不會找驗屍官。

若病人被送到醫院，入院後二十四小時內死亡，無論死因為何都將自動成為「驗屍官審理案件」。若病人入院時沒有意識，而且直到死前都不曾恢復意識，二十四小時的規定則無限期延長。驗屍官可能會主動聯絡病人的主治醫生，若得到令人滿意的原因，驗屍官將開立死亡證明，就此結案。唯有當死亡原因不尋常或無法解釋時，才會進行驗屍。

除此之外，只要認為解剖有助釐清死因，法庭即可提出驗屍要求，驗屍官也可以。驗屍官具有調閱死者病史和出庭作證的傳喚權，且在這類案件中，握有對屍體的管轄權。

而家屬就算不同意也不能阻止驗屍。若法醫或驗屍官或法庭認為有必要，即不用取得任何人的同意。然而，因為美國的司法體系允許各式各樣的訴訟案，家屬也許可以藉由提出訴訟，阻止驗屍程序，把事情交由法官決定。但一般來說，法官會同意進行驗屍。

## 124

### 例行性驗屍有多仔細？

問——若受害者乍看沒有他殺嫌疑，驗屍會做到多細呢？我設想了一些情節，例如妻子被看似感情要好的丈夫下毒或淹死，外人看起來就像意外，起碼不至於一眼識破。

答——在這種情況下，凶手最在意的就是避免驗屍。若受害者上了年紀，患有可能致命的慢性疾病，像是心肺疾病、糖尿病或癌症，而且已接受醫生治療，這位醫生可能開立死亡證明書，指出死因為某種慢性疾病。死亡證明書將遞交到驗屍官辦公室，但驗屍官大概不會謹慎地端詳報告，提出各式各樣疑問，因此謀殺情事不會遭揭發。但倘若死者為青少年，醫生和驗屍官都會覺得可疑，而要求驗屍。

即使只是「例行性」驗屍仍非常縝密。首先進行全身總檢查和解剖，接著進行顯微組織檢查與毒理研究，驗屍官隨後發布「死因」。而司法解剖（（medico-legal autopsy）當受害者死因可疑或不明時即會做這類解剖）比例行性解剖更徹底，通常是由接受法醫鑑識訓練的病理學家執行。在你設想的情節中，法醫能輕易查出死亡原因是中毒或溺水。至於是誰將她推下水或投毒，就交由你筆下的偵探去傷腦筋了。

## 125

### 死亡證明書上寫些什麼，誰能開立？

問——我有幾個關於死亡證明書的問題。誰能開立死亡證明書？每個死者都會開立一張嗎？該如何分辨死亡「模式」（mode）、「原因」（cause）、「方式」（manner）這三個名詞？它們意思相同嗎？實際的死亡證明書上記錄了哪些資訊？

答——絕大多數管轄區都規定死亡證明書必須由有執照的醫生簽名。若某人在醫院過世，或在家中可預期地過世（譬如癌症末期或心臟病患），證明書應該會由他的私人或現任醫生開立。不然就是由法醫或驗屍官開立。若死於可疑情況、出乎意料、死狀不尋常，或在醫院收治二十四小時內過世，則驗屍官必須參與調查，無論最後是否進行驗屍，證明書都會由驗屍官開立。

每個人死後都應有合法登記的死亡證明書。

關於你提到的名詞，為此感到困惑的絕對不只你一人。簡單來說，「死亡模式」指的是導致死亡的病理生理學異常，譬如心跳停止。「死亡原因」是導致這個異常的原因，譬如心臟受槍傷。「死亡方式」是法律聲明，而非醫學聲明，指的是自然死、他殺、自殺或意外死。

證明書包含死者基本資料：姓名、地址、年齡、性別、種族、職業、死亡地點（若已知），以及直系親屬的資訊。醫生接著加上直接死因（事實上，這部分通常結合死亡原因和死亡模式，是不是有夠複雜），還有導致或造成陳述死因的種種情況，以及各個情況持續的時間。舉例來說，患有高血壓和糖尿病的人，突然間因心臟病發作死亡，醫生大致陳述原因如下：

直接死因：心臟驟停／當下立即

導因：急性心肌梗塞／片刻
導因：動脈粥狀硬化心血管疾病／長年
促成條件：糖尿病、高血壓

接著法醫在證明書上簽名、押日期，使其正式生效。

## 126

### 驗屍報告包含哪些資訊？

問——標準的驗屍報告包含哪些資訊？驗屍官或法醫是否一定會指出死因？

答——每個法醫都有自己寫驗屍報告的一套方式，不過完整的報告必定包含某些項目，其中之一就是死亡原因，以及判斷死者為自然死亡或是他殺。

報告第一頁通常列的是死者姓名、年齡、性別和種族，死亡時間、死亡地點或陳屍處，還有驗屍的日期與時間。另外也會記錄執行驗屍者的姓名和資格、所有在場人員的姓名，以及有關死亡情況的簡短筆記。

實際檢查的第一部分為「外部檢驗」。法醫描述屍體外觀，對任何反常處加以評論，包括外傷和「治療」的跡象。舉例來說，死者在醫院過世，身上裝有靜脈輸注針頭和各式醫療管線。醫院人員不會在屍體送到驗屍官辦公室之前拆除這些東西，因為有可能是他殺或醫療事故的證據。創傷、槍傷、刀傷等所有傷口，或任何外部印記，包括刺青、手術傷疤、舊傷傷疤、皮膚病和胎記，都要加以評註並照相記錄。

下個部分是「內部檢查」，主要處理法醫在屍體內部找到的證據。通常又細分為幾個項目：頭部，頸部，體腔，心血管系統（心臟和血管），呼吸系統（鼻子、喉嚨、咽喉、氣管、支氣管、肺臟），消化系統（食道、胃、腸），肝膽系統（肝臟、膽囊、胰臟），生殖泌尿系統（腎臟、膀胱、攝護腺、卵巢、子宮），內分泌系統（甲狀腺、腦垂體、腎上腺），淋巴網狀系統（脾臟、淋巴結），肌肉骨骼系統（骨頭、肌肉），以及中樞神經系統（腦部、脊髓）。法醫根據每個項目，提供相關臟器與組織的大略和細微觀察，以及發現的任何異狀。

接下來是總結摘要相關及有意義的發現。譬如，心臟病發作致死者的檢查摘要可能包括：

一、心血管系統

甲、左主冠狀動脈、左前下行冠狀動脈和迴旋冠狀動脈，嚴重動脈粥狀硬化的血管疾病。

乙、左前下行冠狀動脈分支大面積心肌壞死。

換成白話文就是，死者有嚴重的動脈硬化，並且死於心臟病發作（心肌壞死）。最後則是「結論」聲明。在這個欄位，法醫陳述他認為的死亡原因，以及是否為自然死亡，或者他殺。接著他在報告上簽名，賦予其官方效力。

報告附件將會詳列針對此案所做的所有毒理、彈道、DNA或其他檢查報告。

## 127

### 死亡時間該怎麼判斷？

問——驗屍官如何判斷死亡時間？

答——除非有目擊證人，否則不可能查清「準確」的死亡時間。法醫只能「估計」約略的死亡時間。然而，這個估計時間和「法定」死亡時間及「生理」死亡時間，可能相去甚遠。「法定」死亡時間就是記錄在死亡證明書上的時間，「生理」死亡時間則是重要器官功能真正停止的時間。

「法定」死亡時間是屍體被發現的時間，或醫生乃至其他具備資格者宣布受害者死亡的時間。若屍體在「生理」死亡後好一陣子才被找到，這個時間的誤差可能達幾天、幾週，甚至幾個月。舉例來說，某連續殺人犯在七月殺死一名受害者，屍體直到十月才被發現，儘管「生理」死亡發生在七月，法定「死亡」時間仍會登記十月。

話雖如此，驗屍官推測「生理」死亡時間有一定的準確度。他利用人體死後的變化來推測，包括測量失溫速度、屍僵程度、變色程度（屍斑）、身體腐爛階段，以及其他因素。

人死後，體溫約以每小時一．五度（攝氏〇．八三度）的速度失溫，直到與外部環境的溫度一致。很顯然，這受到環境溫度的影響很大。明尼蘇達州一月雪地裡的屍體，和路易斯安那州八月沼澤裡的屍體，兩者失溫的速度天差地遠。這些因素都必須納入「估計」死亡時間的考量。

屍僵通常遵循一個可預測的模式。從臉部和頸部的小肌肉開始僵硬，逐漸向下至較大的肌肉，整個過程約需十二小時。接著，過程逆轉，以同樣的順序變得不再僵硬，從較小的肌肉進展到較大的肌肉，又需花費十二至三十六小時。所以屍僵只在頭四十八小時有助判斷死亡時間，四十八小時後，屍體鬆弛，法醫不能只依據此標準，判斷死亡發生在四十八小時或更久之前。

屍體僵硬是因為肌肉喪失三磷酸腺苷（adenosine triphosphate）。三磷酸腺苷是做為肌肉活動能量的化合物，其存在與穩定性有賴穩定供應的氧氣與養分。當氧氣與養分隨著心臟活動停止不再供應，肌肉便開始收縮、僵硬。後續在腐化過程中，肌肉組織開始分解，屍體則又不再僵硬，而出現肌肉癱軟的現象。分解和腐化造成收縮的要素（肌肉中負責肌肉收縮的肌動蛋白〔actin〕與肌凝蛋白絲〔myosin filament〕）衰變，肌肉失去收縮性，呈鬆弛狀。

屍斑源自血管內的血液停滯，導致身體組織呈紫色調。血液在地心引力的作用下，滲透到心臟以下的身體部位。假設受害者死後仰躺，則聚積在背部和臀部。死亡不久後，若有人將屍體翻轉成不同姿勢，屍斑會轉移位置，但經過六到八小時，變色位置就漸次固定了。舉例來說，屍體被發現時面朝下，可是固定的屍斑分布在背上，那麼屍體至少在死後六小時內曾被移動。

身體自死亡那一刻起開始腐爛。細菌分解組織，接著視環境條件，二十四到四十八小時後散發出腐爛的味道，皮膚上帶青的紅色也益發明顯。等到第三天，氣體於體腔內和皮膚下形成，皮膚可能滲漏液體並剝落。自此之後，腐爛程度迅速惡化。更別提動物和昆蟲的侵略，屍體不久後就會變成白骨一副。在炙熱、潮溼的氣候帶，整個過程可能僅需三到四星期，甚至更快。

也就是說，這是很不精確的科學，深受環境影響。在寒冷地區，體溫變化增大，分解變化減慢；溼熱氣候帶的情況則相反。

## 128 將屍體儲存在冷藏室會妨礙驗屍官判斷死因嗎？

問——凶手試圖掩蓋謀殺罪行，他先冷藏屍體（譬如放在葡萄酒室），然後再搬運，最後屍體在新的棄屍處因溫度上升而留下一灘血。請問這樣的描述合理嗎？順帶一提，犯罪地點在炎熱的亞利桑納州，時值酷暑。

答——事實上，冷藏屍體等於「保存」證據，反而對凶手不利。驗屍官在進行解剖之前，把屍體儲存在冰櫃裡就是這個用意。冷卻會減緩分解和腐化的進展，不論槍傷、刀傷，或任何毒物都能保存得更久，使驗屍官的工作更容易。

相反地，若將屍體棄置在炎熱的室外，細菌腐化的速度大幅成長，等到屍體被人發現，組織可能已經分解到槍傷、刀傷皆難以評估的程度。譬如刺傷的深度和寬度，或是能夠幫助判斷開槍距離的槍傷特徵等，將因組織嚴重退化而無從得知。若再進一步腐爛，就連部分毒物都驗不出了。

至於在新棄屍處留下「一灘血」，很抱歉，那是行不通的。出血或滲血的前提是心臟仍有搏動，血液仍在循環；也就是說，出血自死亡那一刻起就停止了。事實上，死後體內所有血液迅速凝結，大概不出幾分鐘，就不可能流出、滲出、滴出「一灘血」到體外。血液不是冰淇淋，不會融化。一旦變成血塊，就不能「變回血液」了。

柯恩兄弟（Coen Brothers）一九八四年的黑色電影經典《血迷宮》（*Blood Simple*），出色且巧妙地說明了這一點。坐在書桌前的丈夫遭到槍擊，被認定死亡。後來，另一個角色走進來看到「屍體」。這時鏡頭特寫受害者的手，垂在一灘血泊之上，血液沿著他的手指緩緩流下。在那一刻，知識淵博的觀眾會說，「啊！他沒死。」其他沒那麼了解的觀眾，得多看一兩幕才會跟上。

## 129

### 法醫能夠分辨死因為鈍性傷或刺傷嗎？

問——我筆下的受害者是一名年輕女性，正值懷孕初期階段。凶手為了嬰兒的事勃然大怒，於是重擊她的腹部。我推測此舉大概不足以引發流產，但肯定會留下吸引法醫注意的證據，對嗎？

接著受害者失去平衡跌倒，頭部撞到浴缸邊緣。有任何線索能透露造成外傷的確切表面為何嗎？即使對造成頭部創傷的原因毫無頭緒，但有可能看出此創傷發生在致命傷之前嗎？為了劇情需要，我想讓凶手把失去意識的受害者移動到其他地方，藉以轉移注意力，然後受害者將遭受多重刺傷身亡，這才是真正的死因。

謀殺案發生在亞利桑納州的夏夜，屍體隔天才被發現。法醫能夠看出真正死因嗎？

答——腹部重擊可能造成流產，也可能不會。若力道夠強，而且直接對準下腹部，可能嚴重傷害胎兒、胎盤或子宮，導致胎兒死亡，形成流產。或者重擊只是造成腹壁挫傷（瘀血）；看你想怎麼安排，兩者皆可能。

除非受害者在腹部遭擊後幾分鐘內被殺害，否則瘀血幾分鐘後就會顯現，法醫應該會看到挫傷的瘀青，並根據挫傷的大略和細微觀察，判斷重擊發生在死前不久。瘀血來自受傷微細血管的血液滲漏，而形成瘀血的前提是血液仍在流動，代表受害者還活著。死後，血液在幾分鐘內凝結成塊，血液滲漏隨之停止；死後的重擊不會造成瘀血。

跌倒撞上浴缸可能致命，或如你所提的，只是將她撞昏過去（腦震盪）。法醫能看出此外傷也發生在死前，而且應該能掌握撞擊物的大致形狀。是浴缸邊緣？或是棒球棒？金屬管？但除非浴缸的瓷釉塗層裂開，碎片卡在她的頭髮或皮膚上，否則法醫頂多只能猜測撞擊物的大致形狀。

在沙漠裡曝屍一天不會破壞太多鑑識證據，除非有掠食者將屍體肢解、吞食，搞得現場杯盤狼藉。法醫能夠判斷死因為多重刺傷，其他創傷都發生在死亡之前，但並非死亡近因。他當然能看出受害者懷有身孕，也知道她因遭重擊而流產。

## 130

## 驗屍官判斷死因時，能分辨受害者是因觸電還是心臟病發作死亡嗎？

問——我筆下的受害者在航行時，因觸摸通了電的登船梯而引發嚴重心臟病發作。驗屍能發現任何身體跡象，顯示受害者是因觸電而死，而不是心臟病發作嗎？好比皮膚表面灼傷之類的？

答——驗屍是否能發現，取決於觸電電壓高低。若電壓高，觸電點和地板會留下燒焦痕跡，也就是電流的進出點。這對法醫而言是顯而易見的特徵。此外，當強烈電流穿過身體，將破壞（燒壞）所經之處的一切，法醫對各組織進行顯微檢查時，會看到這些影響，肝臟的破壞尤其明顯（肝臟似乎特別容易受到這類傷害）。

若電壓低，受害者皮膚不會出現任何變化。但法醫也不會判斷受害者死於「心臟病發作」（心肌梗塞），請原諒我的修辭癖。心肌梗塞正確而簡潔的定義，是指冠狀動脈（穿梭心臟表面的動脈，負責供應血液給心肌）阻塞，導致心臟某部分因缺乏供血而壞死。若真的是心肌梗塞，法醫應該會發現動脈阻塞，以及心肌受損。電流無法直接造成這樣的結果。

低電壓的電擊不會造成心肌損傷，但能誘發危及性命的心律變化，譬如心室心搏過速或心室顫動。不過，除非心律不整發生時，受害者正好接受心電圖檢查，否則不可能診斷出上述結果，所以也不太可能出現在你的情節設定中。

驗屍看到的心臟大概毫無異狀，因此電擊一事不會被發現。沒有心肌梗塞，沒有皮膚燒灼，法醫非常可能假設受害者死於「心律不整」，事實也是如此。

你大概也猜得到，若是介於兩者之間的電壓，將產生混雜的結果。

## 131

### 驗屍官能分辨一個人是因藥物過量還是槍傷而死嗎？

**問**——假設一個人吞下二十五顆鎮靜劑後，遭槍擊身亡（先不管是他殺或自殺，這部分還有待決定）。法醫如何判斷服用藥物和遭槍擊的時間間隔？他有沒有可能查出死者意識清醒，並開槍自殺，或者已經不省人事，使證據指向他殺？法醫會想找哪方面的證據？他會做哪些血液和其他檢查？多快能得到檢驗結果？若案發時間為星期五晚上，驗屍最快什麼時候完成？

**答**——從服藥到死亡的時間間隔，法醫頂多只能「猜個大概」。在這類情況下，法醫使用的數據是胃裡已溶解藥丸與未溶解藥丸的比例，其他未消化的食物，以及受害者血液與尿液的藥物濃度。每種藥物的吸收率與代謝率不同，而且還受到攝取的食物、藥物

（無論是用於自殺或謀殺的藥物，或受害者定期服用的藥物）、年齡、疾病（特別是胃腸方面的問題），以及其他數不清的因素影響。除此之外，每個人受影響的程度不一，導致問題更加複雜。

消化和吸收在死亡之際已停止，因此胃、血液和尿液的內容，以及其中的藥物濃度都在死亡後「凍結」。分析這些數據，有助於法醫推測受害者服用藥物的時間。根據血液的藥物濃度，也可以判斷受害者的身體和精神狀態。當然，每種藥物都不相同，因此必須將特定服用藥物會產生的作用納入考量。

我知道這樣的說明很籠統，但這是個複雜的問題，而且受多重因素左右。在你設想的情境裡，自殺或他殺都沒問題。法醫可能根據胃內容物和血中藥物濃度推論受害者不可能自己開槍，或者得出完全相反的結論。假設血液的藥物濃度非常高，高到受害者理當陷入昏迷，法醫就會認定為他殺。或者藥物濃度很低，受害者有機會扣下板機，就是截然不同的劇情，決定權在你。

胃、血液和尿液內容物的藥物檢驗，在幾小時內便可完成，前提是受害者所服用的藥物很普遍，而且容易檢驗。若是較不常見的藥物，需要動用特殊檢驗，樣本或許得送到更為精密的實驗室，這麼一來，檢驗結果可能幾週後才會出爐。

週五晚上的案件，驗屍大概會在星期一完成，不過若法醫提出速件要求，任何時間都可能。

## 132

### 驗屍官能在案發一個月後查出死因嗎？

問——一名男子頭部遭石頭擊傷，然後被丟在地下室。事情發生在北方寒冷的二月，夜間溫度約為華氏二十幾度（攝氏負六度至負一度之間），地面積雪。數天後，男子死去，接著屍體被移到一偏僻地區。一個月後，有人發現屍體，打電話報警。我的問題是：被石頭擊中頭部和後來的暴露，哪個比較可能是男子的死因？驗屍官或法醫在死後一個月還能辨識死因，以及屍體曾被移動嗎？

答——死因可以是頭部重擊，或者受害者只是失去意識，然後「凍死」（體溫過低）。儘管不是百分之百確定，但法醫能夠有根據地推測重擊力道是否足以致人於死。他會尋找顱骨骨折，以及更關鍵的大腦內部和（或）周圍是否有出血的跡象，醫學上稱為「顱內出血」，泛指顱腔（頭骨）內的任何出血。大腦內部出血稱做「腦內出血」，大腦周遭出血可能來自「硬腦膜下腔」或「硬腦膜上腔」出血，端視出血的確切位置。上述出血全都可能致命，若未能及時治療則風險更高。法醫解剖屍體時發現上述任何情況，就會合理推斷重擊為死亡近因；若沒有發現顱內出血，就會認為死因是暴露和體溫過低。

進行解剖時，或許不會有證據明確指向死因為體溫過低，但有可能看到手肘、膝蓋，以及臉部與身體兩側（比較少見）的皮膚，呈現獨特的帶棕色粉紅變色。這樣的變化可支持受害者死於「凍僵」的推論。

而基於你描述的寒冷氣候，一個月或更久以後，屍體和這些特徵應該仍保存良好。

屍斑（死後組織裡血液沉降導致的皮膚帶紫色變色）在死後六到八小時固定。因受地心引力影響，屍斑將沉降在心臟以下或更低的身體部位。一旦屍斑固定，移動屍體並不會導致屍斑轉移到其他心臟以下的位置。舉例來說，若受害者死亡時面朝天仰躺，屍斑將沿著背部和臀部沉降。若數小時後，屍體被翻面，變成肚子朝下，已固定的屍斑不會轉移，而是留在當初沉降的位置。只要屍斑和屍體被發現的姿勢不相符，法醫就會得到屍體曾被移動的結論。

## 133

### 死後兩個月還能查出體內含有嗎啡嗎？

問——一名婦人以嗎啡靜脈輸注殺死丈夫，然後把他打扮成流浪漢，棄屍在後街小巷。受害者從來不看牙醫，也沒有指紋記錄在案。儘管屍體在案發後很快就被發現，身分卻遲至兩個月後才確認。

請問驗屍官在此時還有可能發現死因為嗎啡嗎？

答——可以。由於人體所有代謝隨著死亡告終，嗎啡仍殘留在身體組織裡，不會被代謝（分解）掉。血液和組織樣本應能揭露嗎啡的存在。

尤其你描述的情況對找到嗎啡更有幫助。因為屍體在「案發後很快就被發現」，死者遺體將受到良好保存，連帶也保存了鑑識證據。驗屍應該會很快執行，以查明「無人目擊」死亡的成因，確定受害者為自然死亡或有他殺嫌疑。驗屍官隨後將屍體儲存在冷藏環境，直到辨識出死者身分為止。

要是屍體在死後兩個月才發現，只剩白骨，法醫要找到嗎啡的蛛絲馬跡就困難多了。

## 134

### 死亡兩週的「浮屍」還能驗出血液中的酒精濃度嗎？

問——屍體有可能在兩週後從溫度稍低（約華氏五十五度，攝氏十二度）的水底浮到水面嗎？考慮到已過了兩個星期，驗屍還有可能檢測出死者血液中的酒精濃度嗎？還是酒精會消散殆盡？

答——浮屍是指漂浮在某個水域的屍體。法醫要判斷浮屍的死亡時間特別困難。水溫當然有影響，地區潮汐和掠食者也是問題。一般來說，在乾燥陸地上屍體分解一星期，等於在水下分解兩星期。

屍體要變成浮屍，必須浸泡在水裡夠久，以至於組織逐漸遭細菌分解。在這個過程當中形成的副產品為氣體，氣體在皮膚底下和各體腔內聚集。所以一般屍體會下沉，等幾天後氣體形成，浮力增加，才上升至水面；這就是屍體變成「浮屍」的過程。

法醫應能查出血液中的酒精濃度，因為一切代謝活動隨著死亡停止。酒精濃度在屍體嚴重分解之前都不會消失。根據你設想的情境，低溫的水域將減緩分解速度，進而讓酒精保存得更久。在華氏五十五度的水中泡兩個星期，絕對能夠讓法醫查出血液中的酒精濃度。

## 135

### 溺水的人嘴角泡沫多久後會消去？

問——在我的書中，主人翁發現一具海上浮屍。受害者鼻子和嘴巴周圍都有氣泡。我想問這泡沫會維持多久？一小時？兩小時？另外，受害者的腹部遭到槍擊，但她是溺水而死。死因直到完成驗屍才真相大白。我的理解正確嗎？

答——你的設定問題出在時間點。溺水受害者若很快從水裡被救起，嘴巴會吐出泡沫狀的水，我猜大約一小時之內。超過一小時，嘴巴和鼻孔可能滲出帶血絲的水，但不會形成泡沫，因為肺裡已經沒有空氣，沒有空氣就沒有辦法「起泡沫」。以汽水為例，當氣泡消失，剩下的只是色素液體。起泡沫需要肺裡有空氣，溺水時，空氣向外排出或融入水中，因此沉在水裡數小時的人，肺部一般會「積水」。

成為浮屍，代表屍體已經在水裡好一陣子，久到細菌已逐漸將組織分解。分解過程中形成的副產品為氣體，聚集在皮膚底下和各個體腔內。等幾天後氣體形成，浮力增加，原本趨向下沉的屍體上升至水面；這就是變成「浮屍」的過程。浮屍的手腳皆會浮腫（數日），外層皮膚會和底下的組織分離（五至六日），指甲和皮膚剝離（八到十日），整個身體腫脹，組織脆弱，拖出水裡的過程容易受損，但嘴巴或鼻子不會有泡沫。

「浮出水面」的時間點取決於多項因素，包括水溫、水流、受害者體型，以及其他各式變因。舉例來說，屍體在溫暖的水裡經過八到十天後會「浮起」，若水溫較低，則需二至三星期。因為低溫減緩了細菌滋長的速度，放慢了分解的腳步，連帶拖延了氣體形成的時間。

你必須決定哪個情況比較符合劇情需求。剛溺死的受害者應該在水面下，需要打撈上岸，他的嘴巴和鼻子周圍會有泡沫；或者你可以設定受害者案發多日後才「冒出來」，不過他口鼻不會有泡沫。

法醫能夠分辨死因為溺水而非槍傷，這點你說對了。他還能分辨受害者死於淡水或鹹水，解釋起來很複雜，但法醫能看出差別。電影《唐人街》（*Chinatown*）裡也有這樣的橋段。

## 136

## DNA採集所需的最小樣本為何？

問——我知道DNA樣本可以從血液、精液、受害者指甲下的組織及其他來源採集。我想問的是：可用的樣本最小到什麼程度？乾掉的唾液或一根頭髮也可以嗎？

答——人體內幾乎每個細胞的細胞核裡都有DNA，每個人的DNA都不同。唯一例外是血液裡的紅血球細胞。成熟的紅血球細胞沒有細胞核，因此沒有DNA。白血球細胞有DNA，所以用血液進行DNA分析時，實際上檢測的是白血球細胞裡的DNA。

每個人的DNA是在受孕之際，有點隨機地由相互結合的精子和卵子決定。一個人體內的所有細胞都擁有相同的DNA，而且畢生維持不變。因此，沒有人的DNA是相同的。正因如此，DNA在判斷某生物樣本是否來自特定個人時，特別有用。簡言之，一旦比對符合，樣本絕不可能屬於其他人。

提取DNA的樣本必須含有細胞，但無須保持完好無缺。也就是說，若你透過顯微鏡觀看樣本，或許看不到完整的細胞，可是ＤＮＡ仍在組織或殘餘體液中。因此，已分解的血液、精液或人體組織依然能產生有用的樣本。即使是骨骼殘骸，也可能在髓腔或骨細胞裡找到可用的ＤＮＡ。

至於樣本的大小，愈大自然愈好，但微量的體液或組織就能取得成果。聚合酶連鎖反應（polymerase chain reaction, PCR）放大ＤＮＡ的技術，最適合用來檢驗小樣本。

舉例來說，唾液含有口腔細胞，這些細胞的細胞核提供檢驗所需的ＤＮＡ。唾液可從使用過的玻璃杯、咬痕和郵票或信封採集。使用螢光光譜法（fluorescence spectroscopy），能辨識人體皮膚上極小面積的唾液殘餘。唾液有時也可以從攻擊者在襲擊或搶劫時穿戴的面具上取得。《鑑識科學期刊》（*The Journal of Forensic Sciences*）於一九九九年所刊載的一個案例，說明了檢驗所需的最小樣本量。一名遭強暴殺害的女性受害者屍體在案發後五個半小時從河裡打撈上岸，而光是一處咬痕，就採集到足以進行ＤＮＡ檢驗的唾液量。

頭髮不含細胞，因此也不含ＤＮＡ，但毛囊含有細胞。剪下的毛髮對ＤＮＡ分析沒幫助，但從攻擊者身上拉扯下的毛髮，或攻擊者在犯罪時掉下的毛髮，很可能是將他定罪的「鐵證」；區區一個毛囊就能提供足夠的ＤＮＡ。

# 137 法醫會利用刺青和身體記號辨識屍體身分嗎？

問——驗屍官會利用特殊的身體記號和刺青辨識無名屍嗎？若受害者的手和臉遭到破壞或切除，這類記號會被採用嗎？

答——驗屍官會採用任何可行的手段以辨識「無名氏」的身分。

諸如刺青或胎記之類的身體記號，經常用於辨識犯罪嫌疑人和屍體的身分。儘管並非所有筆錄皆如此，但身體記號通常會透過素描或照相成為筆錄的一部分。若你筆下的嫌犯或屍體身上有記號，而且過去遭逮捕的檔案中有照片，當然可以拿來比對，就算照片要由另一管轄區透過電子郵件或傳真寄來也無妨。

驗屍時，法醫會先例行性地拍照記錄這些記號，以及手術或創傷留下的傷疤，特別是死者可能為他殺時。

許多刺青和胎記極為獨特，能成為辨識身分的強力證據。以無名屍為例，前獄中室友或矯正官、家庭成員、曾負責逮補的警官，或許能提供初步推定身分的線索。

胎記有很多種，其中一種獨具特色的類型叫做「葡萄酒色斑」，是一種帶紅色或紫色的色斑，可能小小一塊，也可能涵蓋很大的範圍，像是整個肩膀或半張臉。前蘇聯總統戈巴契夫（Mikhail Gorbochev）前額就有這樣一塊胎記。葡萄酒色斑通常相當不規則，如同變形蟲一般，所以具有鮮明的特色，樣式獨一無二。如果一具無名屍身上有這種記號，呈現出該記號的舊照片就能用來確認身分。

刺青也可能一樣易於辨認，有時家人或朋友認得刺青的圖樣。有些刺青可追溯到刺青師，尤其時下紋身被視為人體藝術，有些刺青師個人風格強烈，此類藝術的追隨者常能認出特定某位師傅的作品。許多刺青師使用含碳的黑色顏料、含氯化汞的紅色與含重鉻酸鉀的綠色顏料。有些人則用苯胺製作的染料。從屍體皮膚提取一些顏料分析是可行的，有助確認作品出自哪一位刺青師之手。

某些幫派以幫派刺青為豪。在加州，加州幫派檔案（CALGANG database）儲存了刺青相關資料，通常都能搜尋得到結果。這類線索可能有助辨識受害者的真實身分。

## 138

### 手術傷疤的新舊有助於辨識受害者身分嗎？

問——我筆下的偵探接到一個案件，一名女性受害者頭手遭到肢解以至於難以辨識。受害者腹部有傷疤，他推測傷疤已有三個月。這是重要線索，因為有一名通報失蹤的女性和受害者年齡相仿且體型相近，而且該名女子在失蹤前三個月曾動過膽囊切除術。請問推測傷疤新舊的準確度有這麼高嗎？

答——很難說。無論來自手術或械鬥的任何傷口，只要適當縫合且沒遭到感染，都會遵循同樣的癒合模式。治療不當或傷口感染則會導致延遲癒合，以及更顯著的傷疤。此外，有些人在這類傷口癒合時，會長出「瘢瘤」（俗稱蟹足腫）。瘢瘤是凸起的厚厚傷疤，可能半吋（約一．二公分）寬，並高於周圍組織四分之一吋（約〇．六公分）；有時更明顯。

以正常癒合為例，傷口約在兩週後變得強韌。接下來數週，由於微血管新生協助傷口癒合，傷疤將呈淡粉紅至棕紅色。接下來幾個月，身體產生膠原蛋白（結締組織〔connective tissue〕裡粗厚有彈性的部分）修復損傷，疤痕的顏色也逐漸褪去，面積大幅縮小。隨著傷疤進一步成熟，最終在四到六個月後，變成淡淡的白色線條。膠原蛋白持續縮小，直到受傷後一年為止。至此，傷疤永不再變化，這意謂著推測傷疤新舊在起初四到六個月可行，但六個月以上就無從分辨了。

也許你筆下精明的偵探看到屍體腹部右上方有六吋（約十五公分）的斜向傷口，認為那是膽囊切除術留下的傷疤。他還看出傷疤癒合良好，但仍帶有一絲粉紅色調，據此推斷傷口已有六週至四個月。如此失蹤女子仍有可能是該具無名屍，但要辨識受害者真實身分，還是必須藉由牙科紀錄、ＤＮＡ證據，或其他辨認手段。

## 139

## 胃內容物能透露受害者進食的時間和內容嗎？

問——我筆下的謀殺案受害者在半夜被人發現。我有兩個問題：一、若是受高度關注的案子，驗屍可能在隔天早上完成嗎？二、驗屍能否明確得知受害者死前吃了什麼？舉例來說，若受害者死前五、六小時吃了雞肉、蔬菜和麵包，驗屍時，胃內容物是否仍清晰可辨？此外，驗屍分辨得出特定液體和藥物嗎？例如可樂、茶、阿斯匹靈，或是我可舒適發泡錠（Alka-Seltzer）。假設受害者死前不久服用了我可舒適發泡錠，法醫在受害者體內找到微量的碳酸氫鈉和阿斯匹靈，這是否合理？

答——是的，驗屍可以在隔天早上完成。法醫可以調動當日班表，優先處理「受高度關注」的案件。此外，很多轄區的法醫辦公室設有「特別案件房」，用來攝錄「特別案件」的驗屍過程。

驗屍能否找到的胃腸內容物受到許多因素影響，譬如攝取的食物種類和份量，以及攝食到死亡的時間間隔（消化過程隨死亡停止），不同的食物停留在胃裡的時間也各不相同。整體來說，胃會在四到六小時之間清空，小腸則大約十二個小時。若在胃裡找到食物，法醫可以合理認定受害者在進食後四小時內死亡。若胃是空的，他會推論受害者距離最後一次進食已超過六個小時。

部分消化的食物，無論在胃裡還是小腸裡，皆可透露死者生前最後的用餐內容，而其中又以玉米之類的高纖維食物最容易辨識，因為人體無法消化纖維素，所以蔬菜或許仍能辨識，特別是進食和死亡時間相距不到四小時的話。

胃內容物、血液和尿液會進行藥物檢驗，但除非受害者在進食後不久死亡，否則很難分辨可樂或茶、阿斯匹靈或我可舒適發泡錠。

阿斯匹靈是乙醯柳酸（acetylsalicylic acid），也見於我可舒適發泡錠（還含有碳酸氫鈉和檸檬酸）。一旦乙醯柳酸進到血液，便無從分辨乙醯柳酸的來源，除非胃裡還有未消化的藥片。不過我可舒適發泡錠和阿斯匹靈皆溶解迅速，不太可能找到未消化的藥片。

可樂基本上是糖漿、色素、調味劑、咖啡因和高壓加入二氧化碳的水，這些成分被血液吸收及消化的速度相當快，而且大部分的茶也含有咖啡因。

血液中本來就含有碳酸氫鹽（bicarbonate）這種電解質，因此除非服用大量我可舒適發泡錠，否則一旦消化就很難追查。

法醫要查出乙醯柳酸並不難，因為是例行藥檢之一，咖啡因也是。但碳酸氫鹽濃度「異常」比較難察覺，而且更不容易得到具體結果。

在這種情況下，徹底搜索犯罪現場可協助法醫進行判斷。若食物還放在桌上或冰箱裡，透過縮小調查範圍，有助於法醫分析胃內容物。若在現場找到阿斯匹靈或我可舒適發泡錠的藥罐也有助益。評估死亡原因和死亡方式時，法醫會檢視收集到的所有證據，不光是驗屍、藥檢而已。

## 140

### 法醫能否分辨胃內容物裡的酒精種類？

問——在我的故事中，有個喜愛葡萄酒的老婦人被人發現陳屍在悶熱至極的拖車屋的浴缸裡，剛死亡不久。請問驗屍時，化學檢驗會透露她死前喝了什麼酒嗎？熟識的人都知道她只喝葡萄酒，但浴缸邊緣放了一只裝有少許威士忌的玻璃杯。另外，若分辨得出威士忌和葡萄酒，檢驗報告是否也能查出威士忌的品牌？驗屍報告可能透露婦人是否喝醉，或者只能證明她體內含有酒精？

答——若受害者在飲用後不久死亡，法醫或許能夠查出酒的種類。由於消化過程隨死亡停止，胃內容物多少會維持原狀。衰變和細菌導致的腐化會使胃內容物慢慢變質，溫暖的環境則會加速這個過程，不過一般需要耗費兩天（或以上）的時間。若胃內容物保存良好，法醫就有機會查出酒的種類，甚至酒的品牌。

假如受害者於死亡前兩個小時或更久之前喝酒，消化過程應已大抵完成，因為酒基本上是糖分，很容易消化。胃內容物對分析沒幫助，而且一旦酒進到血液裡，就只是酒精了。血液分析能分辨乙醇（含酒精飲料中的酒精）、甲醇（變性酒精，有毒）、異丙醇（外用酒精），但血液分析發現的乙醇是沒有註冊商標的。也就是說，在血液中，葡萄酒等於伏特加等於美妙的波本威士忌。

血液中所含的酒精濃度很容易檢查，「法定酒醉」標準就是以這個濃度決定。在加州，合法上限為〇．〇八；而每州有自訂的上限。有些人血液中酒精濃度不高也會醉，例如女性酒量普遍比男性低，但終究因人而異。法醫能查出血液中的酒精濃度，即使濃度低於法定上限，或許仍能推測受害者受酒精影響的程度。

## 141

### 驗屍能揭露女性懷孕或生產的歷史嗎？

問——假設有具女屍在死後很快就進行驗屍，法醫能否看出死者生過小孩或曾經懷孕？若屍體暴露在寒冷天候中數個月，已呈現部分分解，又該怎麼辦？

答——懷孕後，胸部和子宮組織的細微結構將產生永久改變，法醫應該會發現。胸部和腹部皮膚通常會出現淺色條紋，看起來類似「妊娠紋」，可能帶有淡粉紅色或淡藍色或淺銀色色調。屍體保存得愈好，這些「人體組織線索」對你的劇情就愈有幫助。寒冷的天氣會延遲屍體的腐化與分解，在提供人體組織線索方面或有助益。

就算是骨骼殘骸，通常也會看到生育所留下的創傷證據。而懷孕和分娩的次數愈多，證據就愈明顯。法醫會檢查恥骨是否有「恥骨傷疤」(pubic scar)，該傷疤包括骨膜（覆蓋骨頭的組織層）撕裂，以及與髖骨連結的各肌腱尾端撕裂。但不可能看出她曾經生過幾胎，只能說至少生過一個。

# 142

## 驗屍官能透過簡單目測判斷子彈口徑嗎？

問——若法醫在驗屍時找到一顆彈頭，他判斷得出子彈口徑嗎？還是要交由彈道測試確認？

答——兩者皆需要。法醫會猜測子彈種類，但必須透過真正的彈道測試加以確認。經驗老到的法醫，能視彈頭受損程度分辨出點三八、點四五、點三〇等不同口徑的子彈，有些法醫尤其擅長此道。接著以完整的彈道測試確認法醫的目測，也讓資訊具備呈堂證供的效力。

## 143

### 驗屍官分辨得出死者是在淡水或鹹水溺斃的嗎？

問——在我的故事裡，一名阿茲海默症早期的年長男性被發現漂浮在某海灣，但其實他是先在一處後院泳池溺斃。驗屍時，男子體內會不會有泳池的氯？由於受害者起初被認定在海灣溺斃，法醫是否會預期從他的肺部找到小塊植被之類的垃圾？遇到溺水的案件，法醫會特別注意哪些證據？

答——在溺斃案件中，法醫能分辨死者死於淡水或鹹水，而且應該能夠查出水中是否含氯。電影《唐人街》有演出淡水與鹹水的差別。

想要了解淡水與鹹水溺斃之間的差異，就必須先認識滲透。滲透是液體受濃度梯度（concentration gradient）驅使穿過半透膜的過程。簡單吧！請聽我解釋。醫學上用「張力」（tonicity）形容液體中的電解質（鈉離子、鉀離子、氯離子等）濃度。人體內和血液裡的主要電解質為氯化鈉。「等張性」（isotonic）代表液體和血液有相同的張力，也就是相同的氯化鈉濃度。若張力較低，譬如淡水或泳池，就稱為「低張」（hypotonic）；若張力和鹹水一樣較高，鹹水含有高於血液的鹽分濃度，就叫做「高張」（hypertonic）。而半透膜是水才能夠通過的屏障，而不是氯化鈉之類的分子（圖19）。

低張液體穿過屏蔽流向高張液體（圖19a）。此流動將持續直到半透膜兩邊張力相等為止。但實際上水分子不會停止流動，只不過等到張力相等，雙向的水流量變為相當。想像張力較高的液體就像海綿，把水「拉」向自己，一旦半透膜雙邊達到平衡，海綿效應就不見了。

肺組織是讓氧氣和二氧化碳自由進出的半透膜，浸泡肺組織的血液則為等張。

在淡水溺斃時（圖19b），低張液進到肺部，導致淡水從充滿水的肺泡流向血液。這是因為等張血液跟低張淡水相較，算是「高張」。如此一來將稀釋血液，使血液張力低於應有張力。在鹹水溺斃（圖19c）的情況則完全相反，鹹水與血液相較算是高張，因此身

圖19

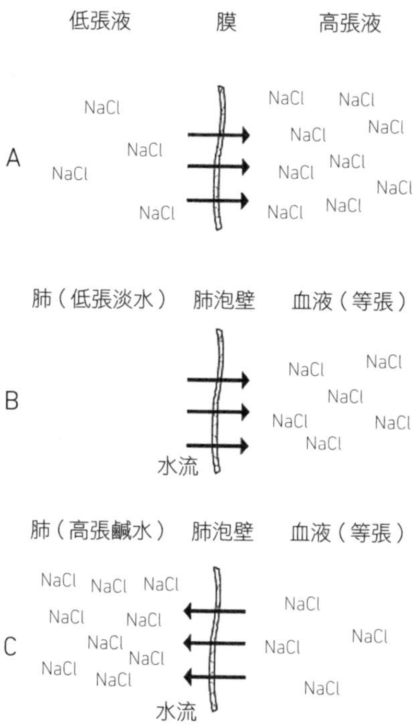

體的水離開血液進到肺泡。

法醫會檢查受害者的肺部和血液，若在淡水溺斃，將看到相對「乾燥」的肺泡（水都流進血液裡了），以及血液裡氯化鈉濃度變低，或稱低張血液。若在鹹水溺斃，法醫將看到「潮溼」的肺泡（身體的水離開血液流向充滿鹹水的肺組織），以及血液裡氯化鈉濃度變高，或稱高張血液。假如所見與陳屍處不符，他有可能推論屍體移動過。我必須強調，水的移動不會立即發生，因此若受害者溺斃後迅速被打撈上岸，驗屍時反而看不到太多線索。

在你設想的情境裡，法醫可能找到受害者在淡水溺斃的證據，而且發現肺裡有一些殘餘氯水，因而推斷受害者是在泳池溺死，而不是鹹水海灣。

受害者的口腔、喉嚨乃至肺部，可能含有垃圾、植被、藻類，甚至小型水中生物，但必定是來自溺水處。若屍體在死後被移到別的地方，則驗屍找到的東西和棄屍處將無法吻合。電影《沉默的羔羊》（*Silence of the Lamb*）就有這樣的劇情，受害者喉嚨裡找到的幼蟲屬於稀有蛾類，而且不是美國原生的品種；同樣情況也適用於植被。當然，受害者在泳池裡不太可能吸入任何植被或垃圾。建議安排他溺斃在池塘或湖泊，而令法醫感到案情不單純的線索，就要從氯換成淡水植被或蟲子。此時，法醫會指出植被和蟲子皆為淡水生物，所以海灣絕非第一現場。

## 144

### 驗屍能查出肺裡是否含氯嗎？

問——我知道法醫能夠判斷受害者死於淡水或鹹水，但有沒有可能在死者體內發現氯，因而推論溺水發生在泳池，而非浴缸？

答——可以。肺組織樣本和肺裡的任何液體都能拿來檢測是否含氯。有些實驗室必須將樣本送到更精密的參考實驗室分析，不過大多數都能查出是否含氯。

## 145

### 法醫能夠判斷割傷的做案凶器嗎？

問——我在故事中安排了一幕皮開肉綻的受害者接受驗屍的場景。請問我該如何描述不是由利器而是利爪所致的傷口？法醫怎麼知道傷口不是刀刃造成的？

答——一般來說，割傷和切傷極難分析，幾乎不可能推斷凶器種類。刺傷可根據深度、寬度、厚度、攻擊角度、刃狀（有時甚至是鋸齒狀）判斷做案工具，也有助於比對可疑凶器。

但割傷缺乏這些特徵。布伊刀（bowie knife）和匕首造成的刺傷截然不同，可是卻會留下類似的割傷，主要是因為所有揮砍動作都會造成血流不止的不平整長條傷口。

爪子也能造成類似傷口。法醫或許能根據傷口的深度和寬度，推斷凶器的寬度和最起碼的長度，不過也僅止於此，除非能找到其他微量跡證（毛皮、爪子碎片、組織、攻擊者的血液）。

## 146

### 某些毒物是不是會使皮膚和指甲發生變化？

問——我曾讀過有些毒物可從受害者的皮膚和指甲辨識出來，這是真的嗎？你可以舉幾個能用這個方法辨識的毒物嗎？

答——是的，很多毒物都會使皮膚、頭髮、口腔黏膜和指甲發生變化。

鉛：慢性鉛中毒（鉛毒症〔plumbism〕）已存在數個世紀，而且可能導致希臘和羅馬帝國的衰落。如今鉛中毒一般來自接觸含鉛的油漆、汽油、水管，還有以含鉛釉料上光的陶瓷容器煮飯或進食。鉛毒症會造成貧血、頭痛、腹痛、關節痛、疲勞、記憶問題、各式神經病變（四肢虛弱無力和〔或〕麻木），以及牙齒牙齦相接處出現藍黑色線條，稱做「齒齦鉛線」（lead line）。

**汞：**孩童汞中毒可能導致一種稱為「肢痛症」（acrodynia）或「粉紅症」（pink disease）的疾病。特徵包含潮紅、搔癢、腫脹、過度流涎和流汗、虛弱無力、皮膚不規則紅疹，以及手掌和腳掌皮膚長鱗癬。

**砷：**長期接觸砷會導致過度角化（hyperkeratosis）和皮膚色素沉著（變厚且變深）、剝落性皮膚炎（皮膚剝落並蛻皮），以及出現稱做「米氏線」（Mee's Lines）的指甲橫向白條紋。慢性砷中毒的受害者頭髮能驗出砷。

**氰化物：**氰化物是一種「代謝」毒物，能截斷細胞色素氧化酶（〔cytochrome oxidase〕粒線體內的一種酵素）。粒線體負責細胞能量生產和氧氣利用。截斷細胞色素氧化酶將令細胞無法使用氧氣，導致細胞死亡。

氰化物經由與紅血球細胞中的血紅蛋白進行複雜的交互作用，形成氰化正鐵血紅蛋白（cyanmethemoglobin），造成血液呈現鮮豔的櫻桃紅，因此有時會被誤認為一氧化碳中毒（見下述）。

此外，人死後血液受地心引力影響，沉降在心臟以下部位，成為屍斑。通常呈藍灰色或紫色，但氰化物中毒形成氰化正鐵血紅蛋白，使沉降的血液染上一絲紅色調，導致屍斑呈磚紅色或暗粉紅色。

**一氧化碳：**一氧化碳結合紅血球細胞中的血紅蛋白，形成一氧化碳血紅蛋白，使血液和組織呈櫻桃紅色調。

## 147

### 有沒有毒物無從檢驗或可用生物毒液掩蓋？

問——有沒有哪種毒物不會留下蹤跡，或者能用毒蠍或響尾蛇的毒液蓋過？

答——你最好的選擇是琥珀膽鹼。這是一種可注射的肌肉麻痺劑，能麻痺身體所有肌肉。受害者神智清醒，但無法移動、說話、眨眼或呼吸，三到四分鐘後就會喪命。這種藥物會在體內迅速分解，因此就算法醫針對琥珀膽鹼進行檢驗也是徒勞。唯有一個例外狀況。

若法醫發現藥物注射位置，則可切下注射處周圍組織，檢驗該藥物的代謝物，也就是隨著身體酵素「破壞」藥物而產生的化合物。這些物質的殘餘會遺留在靠近注射點周圍的組織裡。著名的卡爾．考伯利諾（Carl Coppolino）殺妻案就是用這個技巧破案的。考伯利諾是一名麻醉師，因此有取得藥物的管道。法醫開棺驗屍，在他妻子的遺體上找到注射位置，而組織檢驗得到了足以將他定罪的結果。

不過，若法醫發現毒液、被叮咬或螫刺的傷口，以及符合毒液作用的皮膚和血液變化，則會推定死因為毒液中毒。法醫不太可能想到要尋找注射針孔，並檢驗琥珀膽鹼的分解產物。

但我要提醒一點，毒液必須在受害者死亡前施用，因為毒液對局部組織及血液細胞的破壞將隨著死亡而終止（因循環與代謝都停止）。法醫必須看到毒液造成的各種作用，才會推論毒液為死亡近因。你可以安排凶手對受害者施予連續小劑量的琥珀膽鹼，讓他的身體部分癱瘓，然後再以毒蛇或毒蠍攻擊。受害者最終確實因毒液而死，但這絕非「意外」。

琥珀膽鹼常見於醫院藥局、急診室和手術室，遭竊取是有可能的。或者凶手也可以向藥物供應商下單購買。

## 148

### 人死後傷口會流血嗎？

問——某人遭到毒殺，然後凶手在半小時內以匕首刺穿他的喉嚨，試圖將匕首偽裝成致死凶器。請問死者還流得出血嗎？

答——我假設你的意思是受害者在被毒死後遭刺。在這個情況下，他不會出血，因為一旦心臟停止作用，血液停滯，體內的血液很快就會凝結。在多數案例中，法醫都能辨識出死後才形成的傷口。

不過，倘若受害者是在遭下毒無行動能力但仍有生命跡象之際被刺，他會出血，法醫必須等到毒理報告出爐，才知道受害者不僅被刺，而且還被下毒。

## 149

### 「心情彩妝」在屍體上看起來是什麼樣子？

問——隨著人體溫度升高或降低而變化的心情彩妝（主要是唇彩和指甲油），在使用者變成屍體之後會怎麼樣？

答——化妝品屬外用品，意思是它們沉積在嘴唇和指甲表面，不會和身體組織「互動」。因此，產品不會「知道」使用者是生是死。倘若產品和身體組織有所互動，則會被視為藥劑，並受美國食品暨藥物管理局管轄，不會被歸類為化妝品。

這些以唇彩和指甲油為主的心情彩妝產品，會在特定範圍內隨著溫度改變顏色，專攻青少女市場，以「隨身體熱度和心情改變顏色」為號召。顏色變化隨製造商和特定產品而異，但原則上當體溫升高皆會變得更鮮豔。我猜這是為了讓別人看出使用者是「冷」

或是「熱」。

顏色變化範圍包括：紫到紅、淺藍到粉紅、綠金到閃爍金。孰冷孰熱應該不難理解。

無論擦在活人或屍體上，心情彩妝都會顯現獨特的溫控顏色變化。屍體當然是冰冷的，所以顏色通常會朝「低溫端」變化。然而，若死者陳屍於非常溫暖的房間數小時後才被發現，屍體溫度會與室溫達到一致，而產品將反應室溫，朝「較高溫的顏色範圍」變化。

## 150

### 十七世紀的人如何判定死亡？

問——我正在寫一部以十七世紀英格蘭為背景的小說。年輕女主角的叔叔因為飲酒和吸食鴉片過量陷入昏迷，差點被活埋。她的曖昧對象恰巧是實習醫生，他在葬禮之前及時發現叔叔仍有生命跡象。我想問：在那個時代，死亡是如何判定的？

答——現今醫生使用各種精密方法判定死亡。血壓、脈搏和呼吸無疑要檢查，但在特定情況下，這些檢查也可能不太精確。服藥過量，譬如巴比妥類藥物、鴉片及其衍生物（海洛因、嗎啡等），還有河豚毒素，皆可能導致服用者「貌似」死了。他們的脈搏極慢，血壓極低，而且呼吸極淺，以至於這些重要生命跡象不容易被察覺。尤其在寒冷環境中，

「屍體」摸起來冰涼，顏色蒼白或帶藍灰色，更容易被誤認為已經死亡。心電圖可以判斷心臟是否仍在跳動，腦波圖可以顯示大腦活動，缺乏任何一個，醫生即可宣告死亡。

但這些科技在三百年前並不存在。以菸草的煙灌腸，徒手或以鉗子大力掐乳頭，或將熱騰騰的撥火棒猛戳進各個身體孔洞，還有激烈的拔舌，都是用來判斷「屍體」是否真的死透的方法。尤其拔舌極為流行，當時甚至發明了一個裝置，可夾住舌頭並藉由轉動曲柄將之向外拉。如此持續數小時，若死者沒有吭聲，就能宣告死亡。不難猜測偶爾有「屍體」會在過程中復活。

那個時代有許多醫生指出，查明死亡唯一不會出錯的方法就是等待屍體腐化。但由於家屬不想任屍體在屋內腐爛，於是出現了「生死不明收容所」(vitae dubiae asylum)或稱為「等待停屍間」(waiting mortuary)。疑似的死者會放在這類機構內的溫暖區（加速分解），直到開始腐爛，才能入土為安。若「死者」還活著，可以拉動一根和鈴鐺相連的繩子發出信號。但由於肌肉分解會不自主收縮，導致屍體顫動和抽搐，誤觸警報的情況不算太罕見。我料想負責監督「等待停屍間」的人，大概經常被嚇得魂不附體。

另一個新奇裝置是「安全棺材」。屍體可以利用鈴鐺、號角或旗子發出信號，表示自己確實屬於人間，但不自主動作也同樣可能誤觸警報。

你可以安排筆下的年輕醫生掐捏叔叔的乳頭，或是用力拔他的舌頭，或者去「等待停屍間」訪視，看見旗子被拉動或聽見鈴鐺響起，發現叔叔已恢復清醒，而且活得好好的。

# 4 雜項，多半是稀奇古怪的問題
## Odds and Ends, Mostly Odds

## 151

### 一個人死亡時瞳孔是放大還縮小？

問——我很困惑。死亡時瞳孔究竟是放大還縮小？確切時間點為何？死前、死後，還是死亡的那一刻？

答——死亡時，瞳孔放大，以至於死者的眼睛看起來是黑色的。多數時候，瞳孔放大在死前發生，因為交感神經系統（負責打鬥或逃跑的部分）一遇到壓力，就會啟動，而臨死之際絕對充滿壓力。交感神經啟動導致腎上腺素從腎上腺釋放出來，促使血壓和心率上升，以及瞳孔的放大。而死亡時，瞳孔肌放鬆，使瞳孔大開。

## 152

### 火化時屍體會移動嗎？

問——我曾讀過火化時，由於腹肌突然收縮，屍體很可能在中途坐起身來。請問這是真的嗎？常見嗎？或者只在特定條件下發生？

答——這是可能的。不過，屍體比較會是變成「拳擊手姿勢」。雙腳提起，身體向前彎曲，手臂屈伸導致拳頭位於下巴下方，像個拳擊手。這個狀況較常發生在被火燒死的人身上，因為高熱會蒸發肌肉裡的水分，導致肌肉收縮。火化時若發生這狀況，通常只會維持短暫時間，畢竟火化使用的極度高溫會迅速摧毀整具屍體。

## 153

## 如何判斷手腳截肢者的體重？

問——我寫的奇幻小說中，有個固定班底一出生就沒有手腳，因為他的母親墮胎失敗，手術只吸走了他的手腳。他不時就需要一名女性人物協助他從電動輪椅移到汽車裡，然後再移回輪椅上。我想問的是，一個沒有手腳的成年男性有多重？

答——意想不到的問題。

基本上軀幹約占體重的百分之五十，誤差不會太大。一個「完整」的人軀幹重量取決於體型和體重。如果他的「正常」體重為一百五十磅（約六十八公斤），軀幹可能是七十五至八十磅（約三十四至三十六公斤）。若他是大個子，那就是兩百磅（約九十公斤）的一半，一百磅（約四十五公斤），以此類推。

假如他有部分肩膀和上手臂，就再加百分之十；有部分大腿，再加百分之十五。根據你的描述，我猜想他的「截肢處」是在關節，那以百分之五十計算大概就差不多了。

## 154

### 動物安樂死是使用什麼藥物？

問——我正在寫一個關於孩子的愛犬受了重傷必須安樂死，而他必須學會「放下」的故事。請問安樂死用的是什麼藥？用注射的嗎？狗多久之後死亡？牠會有任何感覺嗎？獸醫會自己執行，或是有助理從旁協助？

答——動物安樂死產品有許多不同製造商。常用的藥物之一是Eutha-6或Ethanol，其活性成分是戊巴比妥（一種巴比妥類鎮靜藥物）和酒精。由於需要施予極大劑量，因此動物基本上是死於巴比妥和酒精過量。

獸醫會從動物的前腳給予靜脈輸注。首先剔除腳上的毛，將靜脈輸注管插入靜脈，用膠帶貼上。這是過程中唯一令動物不適的步驟。接著注入預定劑量，狗將在五到十秒左右睡著，呼吸幾乎在同一時間停止。心臟可能要三到四分鐘後才會終止，但總的來說，是迅速且無痛的過程。

獸醫身旁通常會有一名助手幫忙按住並安撫狗，準備靜脈輸注，施打注射液或者安撫飼主。獸醫也可以獨立作業，但大多會兩人一起執行。

## 155

### 哪種「發熱」藥物可以用來「暗中破壞」某人的避孕膜？

問——我想問個很少見的問題。有個青少女抓到父親和一名少婦外遇，而且她還是該名少婦孩子的保姆。她想要懲罰這兩個人。請問在女性避孕膜塗上什麼東西會造成使用者不適？我想到維克斯薄荷膏或Ben Gay（奔肌消除疼痛軟膏），但這些她都會在穿戴之前發現。請問你有什麼建議？

答——毫無疑問，塔巴斯科辣椒醬（Tabasco）。你可以將它塗抹在避孕膜上陰乾，氣味不會太明顯，而且肉眼看不見，也不會改變穿戴避孕膜的「感受」。不過，只要添加一點，立刻就能讓少婦得到教訓。若她另外使用殺精劑，或許會因為稍微稀釋了辣椒醬，加上提供陰道內膜一層保護，而延遲症狀發作的時間。然而，一旦開始性交，辣椒醬就會刺激這些細嫩的組織，可能也會對男性的組織造成刺激。起初輕微刺痛且有點發熱，接著刺痛更明顯且持續燒灼，最終嚴重燒灼使受害者感到驚慌。真是毒辣至極的問題。

## 156

### 夾竹桃能毒死貓嗎？

問——我需要對一隻貓下毒（當然是在小說中），毒物讓牠很不舒服，但嘔吐完牠就沒事了。凶手已經用夾竹桃殺了一個人。他可以用夾竹桃毒貓嗎？但貓得活下來。請問你有什麼建議？

答——夾竹桃（*Nerium oleander*）很合適，因為其毒性「取決於劑量」。這意謂著少量會使你生病，大量會要你的命。不像氰化物，無論多寡一律殺無赦。

有許多貓狗和孩童因為食用夾竹桃的葉子和花等（夾竹桃整株有毒）而死亡或生病。若凶手給貓下的量非常少，牠會生病但不會死。實際劑量我說不準，就讓他磨碎一片葉子或花，摻在食物或肉裡餵貓吃，應該就行了。

## 157

### 盲人會做「視覺性」的夢嗎？

問——在我的故事中，一名天生失明的七歲男童會做生動駭人的惡夢。請問盲人在夢裡能「看得見」人和物體嗎？

答——盲人可大致上分為兩大類：先天性失明者從出生就失去視力，偶發性失明者則是後來才喪失視力。五歲左右之前失明的孩子往往和先天性失明者有較多相同之處。由於他們在哪麼小的年紀開始看不見東西，對影像和色彩只留下鮮少記憶，因此比較不像七歲以後才發生視覺障礙的人那樣「看見」東西。而此種影像貧乏處境，會滲入他們的夢境之中。

這個領域有許多研究者認為，做夢是一種「建構性認知歷程」(constructive cognitive process)。也就是說，我們的夢中世界是以感官經驗做為基礎。我們的所見、所聞、所感、所嗅和所嚐，全都用來創造夢境。

先天性失明者多半能在夢中「見到」空間關係的建構，有些人甚至還能創造出「視覺形狀」，但並不會「看見」真實物件。他們在夢裡「見到」的東西，往往和他們在清醒時所見的事物雷同。有些人或許較能夠建構出無定形影像。稍微後期失明的人，通常能在夢中想像出種種影像，而且和他們在失明之前的清醒視覺經驗雷同。

先天性失明和五歲前偶發性失明的人，都可能有鮮明詳盡的夢境，只是他們「看不見」人物身影、結構或物件。他們往往感受的到做惡夢般的情緒和類似反應，不過他們的夢中事物比較沒有無固定形狀。

五歲到七歲之間失明的人有可能見到影像，也可能看不到。有趣的是，七歲之後才失明的人，有些人做夢時始終都見得到事物細節，有些人可能只持續二十到三十年。彷佛他們的影像記憶逐漸消失一樣，於是影像也從他們的夢境褪去。

你描述的人物不會「看見」影像，然而夢中事物仍可激發情緒，以及做嚇人的夢。他會從感覺、聲音和嗅覺的角度來敘述夢中經驗，而且有可能比視覺幻影更嚇人，不過他能「看見」的影像都很朦朧，輪廓不是很清楚。就像我們所有人，他的夢中體驗也反映出他在清醒時分接觸的事物。他的問題、恐懼、想望、愛好、衝突、關注的事物、態度和夢想，也都會在他的夢中世界展現出來。

# 最後幾句話
## A Few Final Words

到這裡，各位已經閱讀完本書。希望每一道問題和回答都讓你有所收穫。有些問題很直截了當，有些十分複雜，還有些簡直是怪透了。

然而，每道問題都顯現出驚人的想像力與好奇心，以及務求正解的毅力，這也正是身為篤實的說書人和小說家的必備條件。誠如我在引言所述，我認為這些問題能提供洞見，引領我們探悉創作歷程，還能展現成功的小說家潛心藝業投入的有多深。

我希望各位展閱本書能感受箇中樂趣，從中習得新知並啟迪思維。衷心期盼書中資訊能增益各位的作品和學識，以及激發創意泉源。

謝謝你的參與、關注和好奇心。

D. P. Lyle

歡迎來我的網頁和部落格參觀

醫學暨法醫科學實驗室：http://www.dplylemd.com

鑑識科學部落格：http://writersforensicsblog.wordpress.com

# 特別致謝 Acknowledgments

若沒有許多人的幫助，本書不可能實現。我想向每個人致上最誠摯的謝意。

我的指定讀者：南茜阿姨（Aunt Nancy）、吉米（Jimmy）、詹妮（Janny）、芭比（Bobbie）、兔緹（Tootie）、火花仔（Sparky）、麥奇（Mikey）、羅西（Roxy）、史提夫B（Stevie B）和康妮（Connie）。

我的病人兼友人哈洛德・米尼克（Harold Minick），根據在加州橘郡（Orange County）驗屍官辦公室任職的多年經驗提供洞見。

我的經紀人兼友人，金柏莉・卡梅倫出版公司（Kimberley Cameron and Associates）的金柏莉・卡梅倫，還有我的編輯，聖馬丁出版社／湯馬士鄧尼圖書（St. Martin's Press/Thomas Dunne Books）的莎莉・金（Sally Kim）。他們在出版流程中的專業、指導和熱情是無價的。

我的雙親維特（Victor）和伊蓮（Elaine），他們不僅給我一輩子的指引與支持，還供我念書。

我的姊妹維琪（Vicki）是一位才華洋溢又專業的老師，在我正式上學之前教我讀寫。

我的姊妹美琳達（Melinda）總是如此熱愛生命。
小南（Nan），我的太太，不僅支持我，給我追求寫作狂熱的自由，也為本書繪製插圖。
閱讀作家們的問題時，我不斷為他們對細節的重視以及美妙的想像力驚豔。

法醫・屍體・解剖室3——
# 重返犯罪現場
## 專業醫生解析157道懸疑、逼真的謀殺手法相關的醫學及鑑識問題
（2023年新版）



法醫・屍體・解剖室3：重返犯罪現場／道格拉斯・萊爾（Douglas P. Lyle）著；葉品岑譯
－二版.－臺北市：麥田出版：
家庭傳媒城邦分公司發行，2023.06
面；　公分
譯自：Murder and mayhem : a doctor answers medical and forensic questions for mystery writers
ISBN 978-626-310-457-0(平裝)
1.CST: 偵探 2.CST: 法醫學 3.CST: 通俗作品
548.6　　106015945

封面設計　許晉維
印　　刷　漾格科技股份有限公司
初版一刷　2017年10月
二版五刷　2024年08月
定　　價　新台幣400元

I S B N　978-626-310-457-0
9786263104563（EPUB）

本書若有缺頁、破損、裝訂錯誤，請寄回更換。

作　　者　道格拉斯・萊爾（Douglas P. Lyle）
譯　　者　葉品岑
責任編輯　林如峰
國際版權　吳玲緯
行　　銷　闕志勳　吳宇軒　余一霞
業　　務　李再星　李振東　陳美燕
副總經理　何維民
事業群總經理　謝至平
編輯總監　劉麗真
發 行 人　何飛鵬

出　　版
麥田出版
台北市南港區昆陽街16號4樓
電話：(02) 2500-7696　傳真：(02) 2500-1966
網站：http://www.ryefield.com.tw

發　　行
英屬蓋曼群島商家庭傳媒股份有限公司城邦分公司
地址：115 台北市南港區昆陽街 16 號 8 樓
網址：http://www.cite.com.tw
客服專線：(02)2500-7718; 2500-7719
24小時傳真專線：(02)2500-1990; 2500-1991
服務時間：週一至週五 09:30-12:00; 13:30-17:00
劃撥帳號：19863813　戶名：書虫股份有限公司
讀者服務信箱：service@readingclub.com.tw

香港發行所
城邦（香港）出版集團有限公司
地址：香港九龍土瓜灣土瓜灣道86號順聯工業大廈6樓A室
電話：+852-2508-6231　傳真：+852-2578-9337
電郵：hkcite@biznetvigator.com

馬新發行所
城邦（馬新）出版集團【Cite(M) Sdn. Bhd. (458372U)】
地址：41, Jalan Radin Anum, Bandar Baru Sri Petaling, 57000 Kuala Lumpur, Malaysia.
電話：+603-9057-8822　傳真：+603-9057-6622
電郵：cite@cite.com.my